不動産投資

成功の秘密をキミに教えよう

一級建築士
不動産投資家 田口 宏

プラチナ出版

ひろっちゃん流 投資実践事例

私がオススメする一棟ものの投資手法は「再生」「中古」「新築」に分けて考えます（詳しくは第2章64ページ参照）。

再　生

Before

トイレ

After

After

外装 Before

After

Before

キッチン・シャワールーム

After

リビング

Before

中　古

After

エレベーター

Before

After

エントランス

Before

Before

After

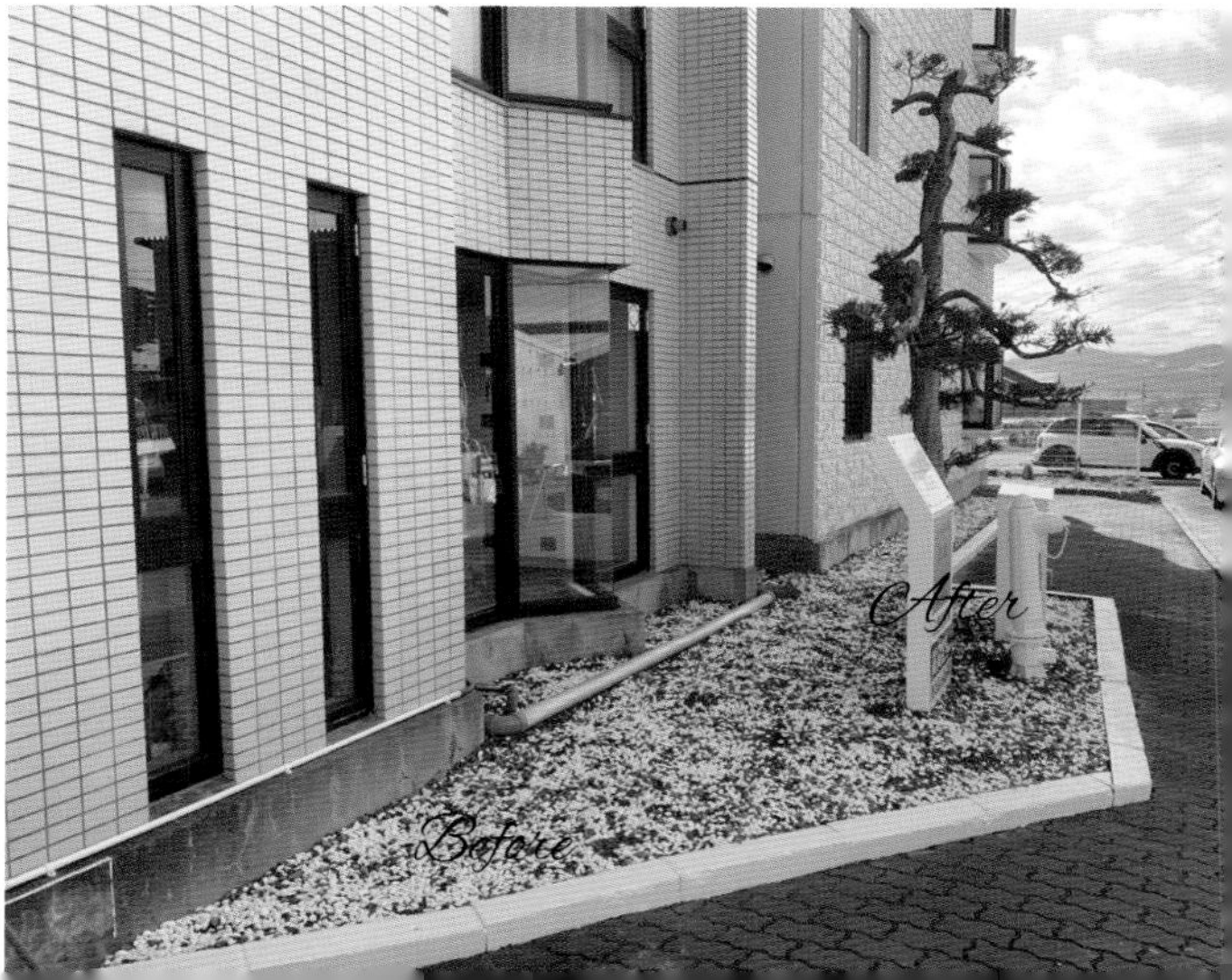

外観

新　築

1F部屋

裏側真正面

正面

はじめに

読者の皆さん、はじめまして！

私の名前は田口宏、仲間からは〝ひろっちゃん〟と呼ばれています。年齢は55歳、家族は私と妻と子どもが３人で、大阪で暮らしています。

もともとは建築業界で25年働いており、一級建築士として累計３００億円３００棟以上の物件に携わってきました。

そして、８年前からは、不動産投資家——いわゆる大家さん業をしています。

投資規模はＲＣマンションを中心に累計13棟３００室を所有。資産20億円、借入れ13億円、年間家賃収入２億円程度です。

不動産投資を始めてハッピーになった♪

という人は私の周りには数多くいますが、私自身も不動産投資を始めて幸せになった一人です。

自分で言うのも何ですが、今の私は穏やかな性格で、よく笑いよく遊び、仕事だけでなくプライベートも大切にして楽しく暮らしています。

しかし、過去の私は全く逆の性格で、仕事ばかりして家族を顧みず、家族とゆっくり過ごすことも、笑って楽しむこともあまりありませんでした。

このように辛く苦しい日々から、不動産投資をどのように進めて幸せを手にしたのかについては、序章で詳しく記載しています。


さて、「不動産投資を始めて大成功！」というにはまだ早いかもしれませんが、スタートして2年ほどで生活ができるようになり、充実した毎日を送れるようになれて、本当に良かったと感じています。しかし、中には不動産投資を始めたものの、思ったほど利益がでない、まったく買い進めない。そんな人の話もよく耳にします。


その理由は、不動産投資の軸を持っていないからだと感じます。

知らないことが多いと騙される可能性が高いですし、どの道へ進むべきかもわからなくなり、迷子になってしまいます。

その結果、投資で成功するために思わぬ時間がかかったり、場合によっては大きな損をしてしまったり……。

しかし、きちんとしたやり方を行えば、あっという間とはいかなくても、コツコツと不動産を増やしていくことができます。

そんな話をすると、「それは、ひろっちゃんが建築業界に詳しいから」「建築士で建物の目利きができるから」などと反論されることもあります。

たしかに私自身は建築士で宅建士であり、建築会社をはじめ、不動産投資家としての経験がありますが、日々行っていることは完全なルーティンであり、物件探しから情報の精査、指値（さしね）の仕方から業者とのつき合い方まで、ちゃんとしたルールがあります。

そこで本書では、私の行っている不動産手法をはじめ、不動産投資の進め方を7つのステップにして詳しく解説しています。また、目的を達成してからの「幸せ」の考え方などメンタル面に対しても私の想いを書かせていただきました。

せっかく不動産投資に興味を持ったのだから、ぜひ成功しましょう！

ひろっちゃんが、あなたの持っている資産を10倍に増やす最適な方法を提案します。そして一緒に幸せへの道を進みませんか？

目次

はじめに　i

序章

なぜ私は安定的な建築士の仕事を捨ててまで不動産投資家になったのか

苦しすぎる日々からの脱却を決意　2
一家離散からの不動産投資スタート　5
師である岡田のぶゆき氏の助言を受けて1棟目を購入　7
厳しい状況ながらも2棟目を購入　10

3棟目を購入して家族の理解を得る　12
稼ぎがもたらす圧倒的な変化　15

第1章

成功する不動産投資の定義

なぜ今不動産投資をオススメするのか？　18
不動産投資で得られる10のメリット　20
メリット1　少ない資金で大きな利益（複利の力）　20
メリット2　レバレッジ効果　20
メリット3　インカムゲイン　21
メリット4　キャピタルゲイン　23
メリット5　繰り返すことで倍増　23
メリット6　時流に流されにくい　25
メリット7　時流をうまく活かせる　26

メリット8 コントロールが効く 27
メリット9 さまざまな形で公的な助成や補助制度を受けられる 27
メリット10 計画性を持つことができる 28

不動産投資のデメリット 30
デメリット1 資金が必要 30
デメリット2 レバレッジを利かすので失敗するとダメージが大きい 30
デメリット3 知識がないとリスクが高い 31
デメリット4 そのほかのデメリット 32

不動産投資の成功の形はさまざま 34
成功の形1 中古物件で規模拡大する 34
成功の形2 再生物件で高利回りを得る 34
成功の形3 貸家建付地で不動産投資 35

成功と失敗は表裏一体 38
失敗1 新築ワンルーム投資 38
失敗2 管理運営 39
失敗3 遠隔投資 40

買ったはいいが後悔している投資家 42
買うことが目的になっていませんか? 44

不動産投資「成功」の定義 48
成功の定義1 購入金額＜資産価値がある 48
成功の定義2 返済比率50％を基準とする 48
成功の定義3 買った後も次の物件を買って拡大できる状態である 49
出口を見据えた投資とは？ 51
幸せな成功者になる 52

第２章

あなたにふさわしい投資法とは？

自分の現在地を把握しよう 56
大切なゴール設定 58
自己資金別、ゴールから逆算して道筋を決める 59
◆50万円から始めて500万円を目指す（築古戸建て編） 59

◆500万円から始めて1000万円を目指す（築古アパート編）　60
◆1000万円から始めて家賃収入1000万円を目指す（中古一棟マンション編）　61
◆3000万円から始めて家賃収入3000万円を目指す（中古一棟マンション編）　62
◆2000万円から始めて新築利回り10%を目指す（新築アパート編）　62

投資手法は「再生」「中古」「新築」　64

◆投資手法「再生」　64
◆投資手法「中古」　66
◆投資手法「新築」　67

第3章

あなたの資産を10倍に増やす7つのステップ

ステップ1　買う準備を整える　72
ステップ2　良い物件を探す　73

◆ポータルサイトの環境づくり 73
◆ポータルサイトの一覧 74
ステップ3　大量の物件情報を選別 76
◆条件表―『楽待』 76
◆条件表―『健美家』 77
◆早見表―中古 79
◆早見表―再生 81
◆物件の問合せ方法 84
◆提案メールのお断りの仕方 84
ステップ4　瞬時で採算が合うか確認 86
◆長期的に見て採算に乗るかの計算(中古物件) 86
ステップ5　物件情報のリサーチ(周辺家賃調査) 89
◆事前に情報元の業者に確認しておくべきこと 90
◆リサーチ中の注意事項 90
◆レントロールの見直しと収益還元価格の引き直し 93
◆物件ファイリング(ボツ物件ファイル) 93
ステップ6　目標利回りで指値 94
◆買付証明書は融資特約の確認が大切！ 96

ステップ7　最適な銀行融資を受ける　97
◆高い確率で融資を引く　97
◆融資開拓は紹介が王道、飛び込みはＮＧ！　99
◆融資とリサーチから最終指値を通す方法「2段階指値」　111
◆下手な鉄砲を数撃っても当たらない　112

第4章

押さえておきたい契約・決済のフロー

安心して契約日を迎えるための準備　118
◆入出金の整理　118
◆スケジュール管理　120
◆契約前の準備　121
スムーズな決済に大切なこと　129
◆お金・持ち物・時間を絶対に間違えない　129

◆用意周到がとても大切（しっかり準備できていれば、本人不在でも決済できる） 131
◆仲介手数料を払いすぎていませんか？ 138

第５章
購入後、健全経営をしてインカムゲインを狙う

満室にできる管理会社の見つけ方 142
◆満室にできる会社かどうかを見極める 142
◆ずっと継続して満室にしてくれる仕組みを作ること 144
◆リフォーム費用を安く抑えられること 144
管理会社を見つける手順 145
◆管理会社をネットで探す 145
◆業者選定 149
◆募集店への営業活動 151
リフォーム会社の選定方法 152
◆リフォーム業者の探し方 153

◆指示書（平面図）と単価表の作成 154
実際のリフォームの流れ 158
◆スケジューリング 158
◆現地での相見積り 160
◆見積りチェックと比較し、発注 162
◆仕上がりの確認 163
◆イレギュラーな工事 163
◆他で補えるのかをチェック 164

第6章 物件売却ノウハウ

売却のタイミングとは？　売却のための準備 166
売却のための資金管理 168
売却のための業者選び 170
高く売るためのコツ 172

第7章

本当の幸せを求めて

本当の幸せを求めて 176
仕事人間が変わるきっかけになった、ある出会い 177
セミナーで学んだ自己肯定感 179
幸せと成功の違い 181
心と体は別 185
物質的な成功を得ながら、心の幸せも満たすことができるのが不動産投資 187
ゴールを達成したときに見える風景 189

巻末付録

ひろっちゃん流新築RC投資術

新築RCマンション投資は危険!? 194

新築RC投資法のメリット　196
新築RC投資法のデメリット　198
新築投資で重要な判断材料　200
収益を予想する方法　202
戸当たり単価の基本的な考え　203
利回り9・5%で仕上がった実例　205
新築RCマンション投資の注意点　207

おわりに　208

本書購入者限定プレゼント　212

イラスト　坂木浩子
本文・装丁デザイン　井関ななえ

序　章

なぜ私は安定的な
建築士の仕事を捨ててまで
不動産投資家になったのか

苦しすぎる日々からの脱却を決意

「なぜ、こんなことになってしまったのか？」

「これほど苦しい日々を過ごすために、私は生きてきたわけではない！」


過去の私は３６５日ほぼ休みなし、家に帰っても寝るだけという過酷な状況の日々を送っていました。心身ともに疲れ果て、仕事を辞めたいと思っていたのです。


私は学校を卒業するとサラリーマンになりました。

建設業界で働いていた父親から「この業界はいいぞ！」と勧められたのですが、当時の父は頑固で厳しい人でした。そんな父に反発し、私はサラリーマンの道を選んだのです。

しかし21歳のとき、建設業に進んでいた兄から、「一緒に起業して金持ちになろう！」と誘われ、二人で建設業の会社を興しました。

まずは土方からはじめて、その後は現場監督を経験しました。職人さんたちの朝は早く、午前7時くらいに現場へやって来ます。私はそれより先に着いて仕込みをしていました。

普通であれば一人前の現場監督になるまで10年はかかるといわれています。しかし私はそんなに時間をかけていられません。

「少しでも早く仕事をマスターして一人前の現場監督になってやる！」

そう自分に言い聞かせながら懸命に働いたのです。

さらに先輩から指導を受け、施工図や工程表を書くようになりました。「施工図」というのは設計士が書いた図面を元に、工事ができるよう細かい材料やミリ単位の寸法を示したもの。そして、どのような作業をしていくかの手順を書いたものが「工程表」です。

このようにして、私は建物の構造や工事を管理する技術を学んでいきました。

時が経つにつれ、私たち兄弟に加え、父や他の兄弟もともに経営するようになり社員が増えていきました。当時に掲げていた年間ノルマは10億円です。監督一人で年間にできる仕事が1～2億円程度で、そこに監督二人に対して事務員が一人付きます。ですから、10億円の売上であれば15人程度の人数は必要です。

その後、私の担当業務は建築会社での営業と設計になりました。本来であれば営業は営業、設計は設計で別々の人が担当するものですが、私は2部署の仕事を任されました。
こうして兄弟二人で始めた会社がどんどん大きくなっていき、それに伴って業務量も増えました。時代や業界柄、経営者として付き合いも多く、深夜に帰宅して早朝に出て行く生活です。これでは家族と顔を合わせる時間すらありません。
肉体的にも精神的にも本当に追い込まれていたのが46歳のときです。あまりのしんどさに自殺を考えたことすらありました。

当時の年収は1200万円程度。一般的には高いといわれる額ですが、私の子どもたちは全員が私学で大学生が二人、そして高校生一人。これらの学費や寮費や塾代などでお金がかかっていたため、なかなか貯金ができない状態でした。
心身的にも経済的にも辛すぎる状況に、このままではいけない。なんとか現状を打破できないものか。しかし、いくら頭の中で考えても、なかなか行動に移すことができません。

「一人でやっていく自信がないから現状は変えられない。でも苦しすぎる……」

そんな思いでした。みなさんにも同じような経験はありませんか？

一家離散からの不動産投資スタート

そんな私の一筋の光になったのが不動産投資でした。

もともと建築の営業をしており、地主や学校法人や介護法人などの企業を相手に、ビルやマンションなどのいわゆる「箱物」といわれるRCの建物を建てていたのです。銀行から地主を紹介してもらい、自分でプレゼンして受注することもありました。そうした経験から「いつか自分の不動産を持ちたい」と望むようになったのです。

ただ、家族経営をしている会社からすれば、不動産バブルで失敗した企業を間近で数多く見てきたため、「不動産購入は危うい。やはり建築一本でやっていこう」という姿勢でした。そのころ私たち兄弟の会社は大きくなっており、家族を含め、社員は20人程度に成長していました。父が元気でいるうちの意思決定は父、長男、次男、私（四男）、五男でしていました。しかし父の他界後は徐々に私の意見とすれ違いが起こるようになります。

そこで仕事を辞めて、不動産投資で独立しようと考えたのですが、「不動産投資をどう始めるのか」、また「会社を辞めた後は、どうやって暮らしていくのか」に対して、具体的なイメージを抱けませんでした。

そんなとき、岡田のぶゆきさんの著作『200万円から6年で20億円！　売却から逆算思考する不動産投資』（ぱる出版）に出会い、不動産投資を具体的にどう進めたら良いのか理解できました。そして、より本格的に不動産投資を始めるために動きだしたのです。

まず、私自身が時間をつくらなければなりません。そこで、私が担当している会社の仕事を引き継がせるために段取りをしました。進行しているプロジェクトも複数あったため、辞めると宣言してから時間がかかっています。

その時点で、これまでコツコツと貯めた預金が2000万円ありました。2000万円といえば大きな金額ではありますが、2000万円で家族の生活費、子どもの教育費、さらに不動産投資をこれから始めると考えれば、心もとなく感じます。

しかし、このお金で勝負をしなければいけません。私は覚悟を決めたのですが、残念ながら家族の同意は最後まで得られませんでした。

仕事を辞めて不動産投資をすると家族に話したところ、「これ以上ついていけません」と、妻は子どもたちを連れて実家に帰ってしまいました。そんなわけで、私の不動産投資は一家離散した状況からスタートしたのです。

師である岡田のぶゆき氏の助言を受けて1棟目を購入

もう少し、不動産投資を始めたころを振り返ってみます。

岡田のぶゆきさんは私と同じ関西在住で、年間家賃収入6億円というスーパー大家さんです。以前から存在だけは知っていたのですが、私の勤めていた会社ではご縁がありませんでした。

ただ、そのころは不動産投資が話題になった時期でもあり、書店で岡田さんの著書を見つけて購入したのです。設計のことも書かれており、内容に共感した私はセミナーに参加しました。

ちなみに当時の岡田さんは単発のセミナーは行っていたのですが、コンサルティングは受け付けていませんでした。それでも後に引けない私は岡田さんの会社の門を叩き、「何でもいいので教えてください！」と懇願します。

最初は断られたものの、何度かお願いしているうちにコンサルを受けていただけました。2013年のことです。岡田さんからは「会社を辞めたら融資が付かないから、本当に辞めたいのであれば早急に物件を買いなさい」とアドバイスを受けました。

私は会社で寝泊まりしながら24時間、休む間もなく物件情報を調べました。こうして2013年の末に最初の物件の売買契約を結び、晴れて2014年に入ってから決済しました。

1棟目は鉄筋コンクリートの築24年、取得価格は7700万円でした。利回りは12％です。この物件を買おうと思った決め手は、岡田さんに習った「耐用年数に対する返済比率50％」という条件に合っていたからです。

最初、岡田さんから「ローン特約が有利です」と教えられたのですが、リスクが怖かったのでローン特約ありで買い付けを出しました。そのせいか、この物件を購入する前に、買えなかった物件が3～4件ありました。

1棟目はローン特約ありで融資が付いて、売買契約まで進んだ初めての物件です。自己資金を1000万円入れたのですが、諸費用もあったのでほぼ手持ちのお金はなくなりました。

この物件は2階以上がワンルーム16室で、1階がテナントでした。そのテナントは売主が1年間は保証する状況だったため、1年後には退去してしまいました。

テナントからの賃料収入は全体の大きな割合を占めていたので、退去後は赤字に近い状況に追い込まれます。

地域の業者さんを歩いて数十店舗何日も回り続け、管理会社からのアドバイスでフリーレント6カ月を付けることでなんとか入居付けができました。

この物件は購入してから4～5年後に1億1000万円で売却しています。

残債が6900万円程度だったので、約4000万円が利益になりました。初めてインカムゲインではなく、キャピタルゲインの重要性を知った経験でした。

厳しい状況ながらも2棟目を購入

こうして1棟目は無事に成功したのですが、次の確定申告の前までに、あと2棟は買わないと生活が持たない状況でした。

また投資家としては、常に利益を出していなければ長期的に買い続けるのは厳しいです。7700万円の物件なら、年間売上が10％でも770万円です。返済が385万円、固定費が250万円。1年目は不動産取得税もかかるので、ほぼ利益はゼロでした。そんな状況では翌年から融資を受けるのは難しいです。

そこで私は再び寝ずに物上げ（ぶつあげ）を続けて、なんとか翌年に2棟目と3棟目を買うことができました。

2014年の確定申告で売上が減っていても、1棟を購入した実績から2棟目と3棟目も買えました。

つまり1年目の手残りは微々たるものですが、1棟を買ったことによる売上があるので、給料が減っても売上を加えた確定申告で2棟目を買えたわけです。

２棟目は築22年の鉄筋コンクリート。５階建てで半分以上が空室でした。物件価格が1億３０００万円で満室想定利回りは16・9％。これは1棟目の管理をお願いしている管理会社から紹介された物件でした。

一般的に、空室率が高い物件は融資が出づらいです。それでも出してもらえたのは、銀行評価が高い物件だったからです。物件価格1億３０００万円に対し、経費を入れた1億３９００万円のオーバーローンを出してもらえました。

積算価格が今でも2億円程度は出ていました。個人属性としては高くはなかったのですが、物件評価が良く、さらに担当者も協力的で買うことができたのです。

3棟目を購入して家族の理解を得る

3棟目は、築23年のRCのファミリー物件で、2億5500万円です。最初は2億3500万円までしか融資が出なかったのですが、「あとから大規模改修をします」と説明して、リフォーム代を2000万円プラスしてもらうことができました。

こうして2年間に3棟を購入した時点で、総資産が4億6200万円になりました。次の1年は所得税などの支払いがあるため収支は厳しいですが、その次の1年（2年後）からは黒字になって生活ができるようになります。

家族を迎えに行ったのは1棟目を買って半年後です。妻には「生活は大丈夫になったよ！」と伝えて帰ってきてもらい、私の手伝いもしてもらうことになりました。

不動産投資を行いたい……このような希望があっても、配偶者の同意や協力を得られず悩まれているケースがよくみられます。私の場合も最初は大反対をされましたが、結果を出すことで認められ、今では管理と経理を妻に手伝ってもらっています。

ただ、そこまでには1年以上の別居期間もありましたから、順風満帆ではありません。「配偶者の理解を得るためには結果を出すまでやりきるべき」というのが私からのアドバイスです。

さて、1棟目を買ったときに「自分は設計の仕事をしてきた経験から土地や建物のことを理解しているため、不動産投資は向いている」と気づきました。

そして、これまでしてきた設計ではなく、大家業をメインにしようと改めて決意しました。というのも設計士の仕事は、一つの建物を完成させるまで膨大な時間と作業、それから責任があります。最初に企画書を出して、それからでき上がるまで、寝ても覚めても24時間気にしなくてはいけません。それが何棟も重なればストレスで耐えきれなくなるものです。

一方、不動産投資は買って満室にさえできれば、あとは物件を持っていることすら忘れられます。実際には家賃の集金や管理運営などがあるのですが、それらが仕組み化されているため、わざわざ時間を割く必要もないのです。それが設計士と不動産投資家の圧倒的な違いでしょう。

トラブルの量も、設計の仕事は最初のプレゼンから建物が建つまでに最低でも2年くらいかかりますが、その間に５００～１０００件くらい大なり小なりのトラブルが起こります。施主とのトラブル、運営する企業を誘致する際のトラブル、お金や施工のトラブルなど実にさまざまです。いざ現場で工事が始まれば、地中障害物が出てくることも多々あります。更地の状態から建てるのはほぼ人力なので、さまざまなトラブルが発生するのです。

それに比べて不動産投資、特に中古物件は、すでに建物が建っているので安心です。

一般的に中古物件は、修繕に対してリスクを感じる人が多くいます。雨漏りや配管が壊れたら……といった不安です。

しかし私の場合はそれまでの経験値があるので平気です。たとえば電気が止まっているときも「この経路のあそこが悪くなっているから、こう処理すれば直る」という予測ができます。その点は多くのサラリーマン投資家に比べて私の優位な部分でした。

稼ぎがもたらす圧倒的な変化

前述したように購入したのは2年間で、お金が回り始めたのは翌年からです。そこから毎年1～2棟を買い増ししていき、現在は10棟ほどで約300室を保有しています。

8年前のつらい状況と比較すると、最も大きな違いはストレスの量です。今は労働時間を自分で決めて、会社は10～17時の残業なしで、水・土・日曜が休み。従業員は普通に週5日出勤で、私と妻だけ週休3日制です。

お金は放っておいても増える状況になりました。休みは旅行に出かけられますし、食事は毎日のように外食を楽しんでいます。家族が欲しいものも買ってあげられるようになりました。

そのため最初のころは派手にお金を使ったり遊んだりもしていました。ただ、お金があることと幸せはイコールではありません。

このテーマについては第7章で詳しく解説しますが、「成功は自分の外側を満たすもの、幸せは自分の内側を満たすもの」ということに気づいたのです。

いくらお金をたくさん持っていても、一人ぼっちでは幸せといえません。

その中でたくさん感謝し合い、心満たされている状況があると、「幸せ」と「成功」が両立していると思いませんか。

目指すのは「幸せな成功者」になること。それが人生において大切なのだと確信しました。

第　1　章

成功する
不動産投資の定義

なぜ今不動産投資をオススメするのか？

新型コロナウイルス感染拡大の影響により、先行き不透明な時代になりました。飲食店をはじめ、今までどおり経営ができなくなる会社が増え、仕事がなくなる人、破たんするケースも珍しくありません。その一方、リモートワークやオンライン上でのビジネスが加速。働き方やお金が、これまで以上にクローズアップされていることを実感しています。

ところでお金について有名な話があります。お金の使い方には三つあるという話を聞いたことがありますか？　それぞれの種類を説明します。

・消費……生活するにおいて最低限必要なもの。家賃なら3万円程度で、食費なら月に1人3万円くらいのイメージ。
・浪費……生活に不要だが喜びを得られるもの。飲み会やスイーツ、衝動買い。車なども含まれる。
・投資……未来の価値を高めるもの。株、FX、不動産投資など。

●お金の使い方

最低限必要な消費以外のお金は、三つ目の「投資」にできるだけ充てるのが成功をつかむためにもっとも速い方法といわれています。

そして、投資の中でも不動産投資が一番オススメです。その理由を、次項の「不動産投資で得られる10のメリット」を通して説明します。

不動産投資で得られる10のメリット

メリット❶ 少ない資金で大きな利益（複利の力）

私は最初に2000万円を使って投資し、その後は家賃収入で運用しています。現在の売上は2億円でキャッシュは2・6億円です。資産が20億円で、黒字経営を8年連続で続けています。最初の投資額から見ると、やはり大きな複利の力が働いているといえます。

メリット❷ レバレッジ効果

たとえば、自己資金1000万円（初心者なら2000〜3000万円）で融資を付けられる場合なら、買える物件が1億円で、利回り10％だとすると、年間売上は1000万円です。そして返済比率が50％なら、返済金額は500万円です。

ここに経費の200万円を合わせて引くと、利益は300万円。つまり、年利回りは30％の投資になります。当初で使ったお金よりも、数年で明らかに多くお金を稼ぐことができるわけです。この年利回り30％とは、株などの投資ではありえない数字です。

●レバレッジとは?

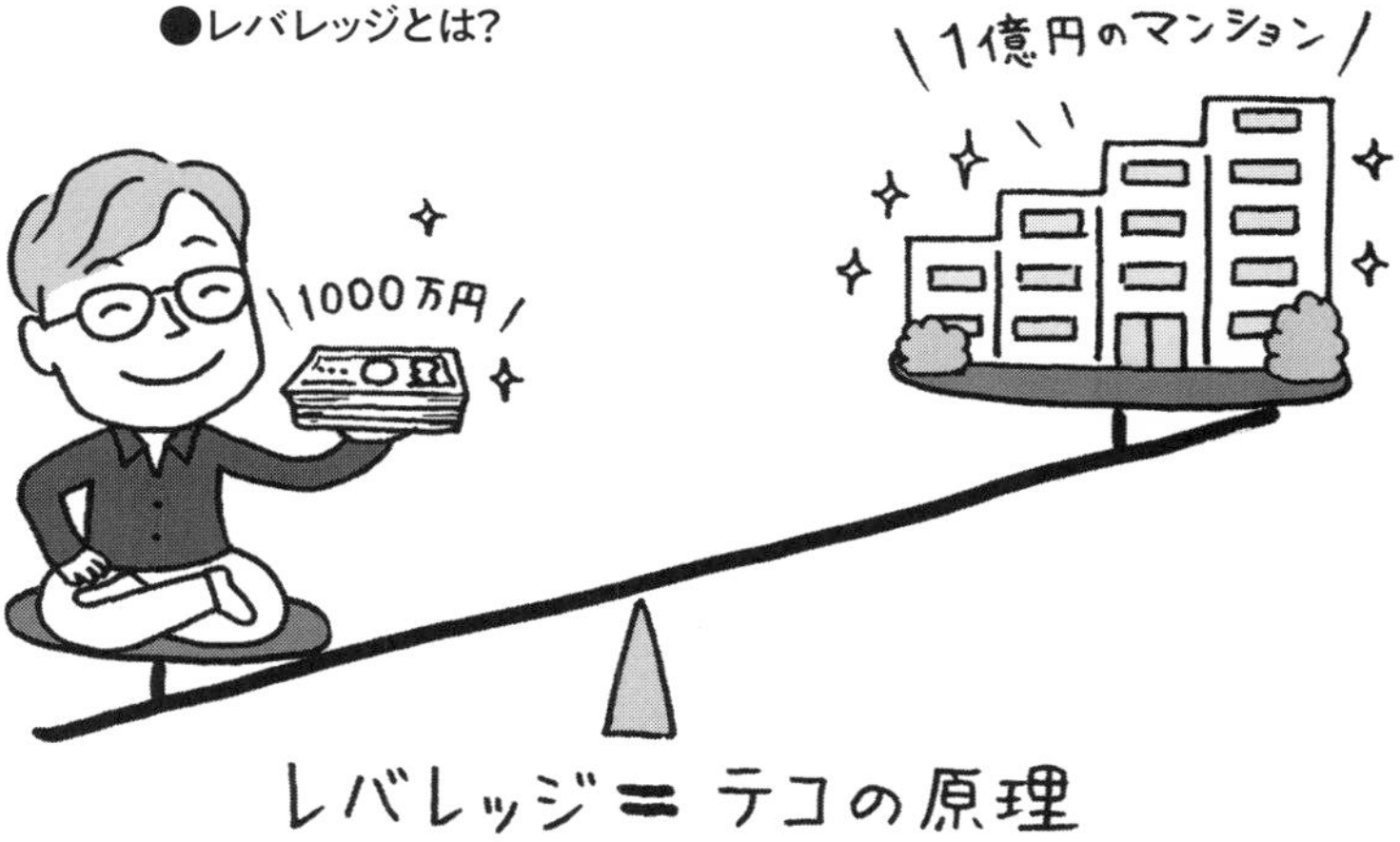

メリット❸ インカムゲイン

不動産投資は「投資」とはいうものの、その実態は事業です。売上は家賃収入となり、そこから経費や税金を差し引いたものが利益となります。

１棟で年間３００万円の利益が得られるとすれば、10棟所有すれば年間の利益は３０００万円です。家賃が減収する可能性や修繕費などでコストが変動することはありますが、基本的に所有している限り利益を得続けられます。こうした運用益を「インカムゲイン」といいます。

また、不動産の場合だと永続的にお金のやりとりが発生するので、ビジネスとしての実績になり次の融資にもつながります。

●キャピタルゲイン・インカムゲイン

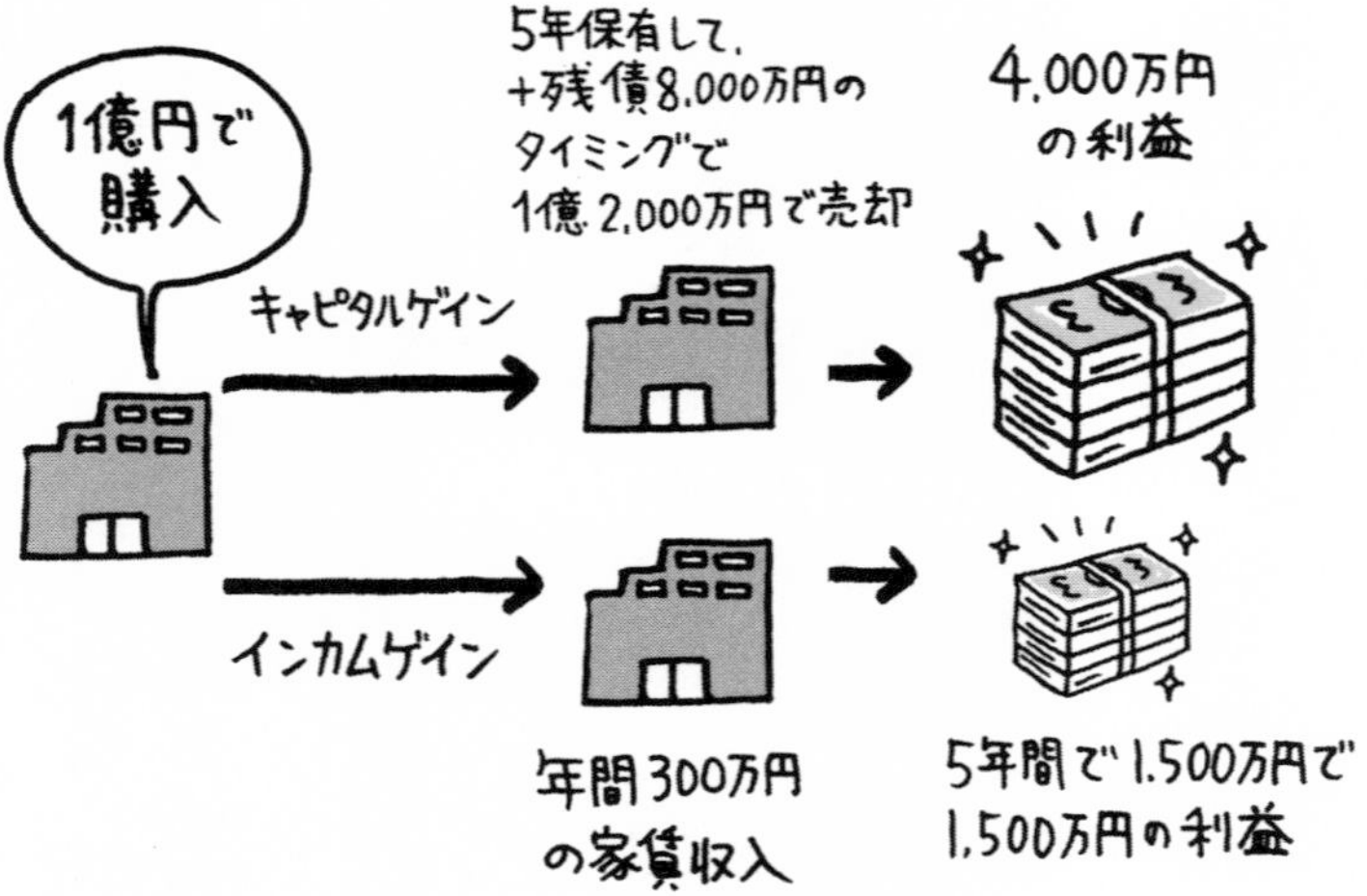

さらに、家賃収入は良くも悪くもブレがないのが魅力の一つです。明日になると家賃が突然10倍に増えない代わりに、10分の1に減ることも絶対にありません。家賃の値動きは徐々に上下するものなので、それはすなわちビジネスとしての安定性を意味します。

メリット❹ キャピタルゲイン

時期を見て売却することで、売却益（キャピタルゲイン）を得られます。たとえば1億円で買って５年保有し、残債８０００万円のタイミングで、1億２０００万円で売却した場合だと、差益が４０００万円になります。

この金額から売却のためのコスト（仲介手数料など）、個人所有であれば譲渡税、法人所有であれば法人税を差し引いたものが利益となります。これは実際に私が1棟目で経験した例です。

メリット❺ 繰り返すことで倍増

不動産の売買を繰り返すことで資産も倍増し、どんどん有利な立場に変わります。不動産業者さんからも有利な情報を届けてくれるようになりますし、銀行も好条件で融資してくれるようになります。

ただ、毎年のように売却を繰り返していると、「反復継続」とみなされて、宅建業法違反に該当する可能性があります。本来、反復継続にあたる不動産売却は、宅建業者（＝事業として不動産売買ができる免許を持っている人）だけに許される行為です。ただし、反復継続の定義が法律で明確に定められていません。

加えて、短期間での売却をすると銀行から嫌がられる傾向にあります。銀行からすればお金を貸し出して、その金利から収入を得ているため、約束された期間（融資期間）より短期で全額返済するのは、決めたルールを覆す行為となります。そのため違約金がかかるケースもあります。

私は8年間の運用キャリアのうち、最初の5年は売却をしておらず、残りの3年で売却を3棟くらいしています。戦略としては「拡大させて、ある程度の規模で安定したら売る」というものです。

適度に売ってキャピタルゲインを得ることで、キャッシュが増えます。

そのお金は都心の優良物件を購入するための軍資金にします。それを繰り返していくのです。

不動産投資の世界ではキャッシュを2億円、3億円を持っている人もたくさんいます。

そして所有する物件数が増えれば増えるほど、リスクが減ります。１棟10室を持っている人と、10棟１００室を持っている人を比較した場合に、同じ空室率10％でもダメージは１棟10室を持っている人のほうが大きいです。

修繕費も同じです。ある物件が修繕で収支がマイナスになっても、複数物件を所有していれば他の物件の利益で補えます。

メリット❻ 時流に流されにくい

メリット❸のインカムゲインの項目で解説しましたが、収入のベースは家賃収入です。好景気では賃料が上がりますし、金利も上がります。とはいえ、そこまで跳ね上がることはありません。ただし景気が悪くなったとしても、賃料は急激に下落しません。金利も低いままです。

このように時流には影響されるものの、コロナ禍における飲食業や旅館業のように致命的なダメージを受けることは少ないです。つまり、時流に流されにくいのが不動産投資の特徴です。

実際コロナの影響で私の物件が被ったダメージといえば、学生マンションの動きが止まったくらいで、その影響から収支が赤字になることもありませんでした。もちろん、この1棟だけ所有していればダメージが大きいでしょう。しかし、前項にあるように物件の規模がある程度大きくなれば、多少の空室が増えても赤字にはなりません。

そもそも家賃は住む人にとって絶対に必要なコストなので、削るのは最後です。家賃の低いところへ引っ越すことはあるかもしれませんが、それもお金がかかりますし、新居を探すのに時間がかかるので「明日に引っ越す」という動きはできません。

そのため、不動産の世界では景気が悪いときほど「動かない」、つまり入居も退去もしづらいといわれています。

メリット❼ 時流をうまく活かせる

物件価格が下がっているときに安く買い、物件価格が高騰しているときに高く売り抜ければキャピタルゲインを生み出すことができ、時流をうまく活かせるのです。

よく「10年周期」などといわれますが、まさに今がそうです。コロナ禍にもかかわらず物件価格は高騰しており、私の周りにいる不動産投資家もたくさん売っています。

結果として、非常に低い利回りでも売れている状況です。大きな物件も引き合いが強いです。

また、投資用だけでなく実需用の不動産も売り手市場です。一説には、「来年以降は給料が下がるから、その前に買っておこうという需要」や、「有事が起こった際に、人間は本能的に自分の巣を守りたがるという需要」があるともいわれています。

このように、一般的にはコロナのような景気悪化材料があったとしても、普通に売ることができるのです。歴史は繰り返します。しっかりとした基準を持って物件を買い、普通に運営さえできていればキャピタルゲインを生み出せるタイミングは必ず来ます。

メリット❽ コントロールが効く

株や為替、仮想通貨は一度購入すれば自分でコントロールすることができず、運任せとなります。一方、不動産は空室の多い物件を購入し、満室にして売却するなど自分の知識や行動でコントロールできる部分が多いため、リスクヘッジがしやすいです。

メリット❾ さまざまな形で公的な助成や補助制度を受けられる

日本の税制は累進課税で、会社員であれば給料が上がれば上がるほど所得税率が高くなります。会社に利益が出たときの所得税率は20～50％、サラリーマンは給料から自動的に約30％の税金が引かれています。

そこでオススメなのが法人活用です。法人の税率は、個人の税率と比べて圧倒的に低いです。不動産は建物の購入そのものが、いろいろな形で損金扱いされますし、接待交際費も法人なら８００万円という枠があります。

その他、起業した会社に対しては、公的な助成や補助制度を受けられます。今回のコロナ禍においては、持続化給付金や持続化補助金など事業に対して給付金や補助金が出ました。今も再構築補助金が話題を集めています。

不動産賃貸事業には持続化補助金は出づらい状況ではありますが、最大限利用したいなら民泊、レンタルスペースなど不動産賃貸業に類した事業の中で事業性が高いものを選ぶ、もしくは組み合わせるのが良いでしょう。

メリット⑩ 計画性を持つことができる

物件の購入については予測しにくいですが、所有物件については長期資金計画を立てることで安定した運営ができます。

そもそも数年先の売上を、きちんと予測できる事業は不動産投資しかないと思います。

私が建設会社に勤めていた20年は、年間で10億円のノルマを追いかけ続けていたのですが、最も悩んだのが「翌年の売上予測が立たない」ことでした。ずっと受注し続けなければばならないため、いつも不安がつきませんでした。

しかし不動産投資の場合は、３年程度先まで家賃はほぼ予想できます。

修繕コストに関しても、「そろそろ交換が必要だな」という具合に、築年数に応じた予測が可能です。

特に中古物件の場合なら、買ったときにどういう状況なのか把握して収支計画を立てれば、かなりのリスクを排除できます。

もし家賃滞納が起きても、保証会社を付けておけば家賃保証されるため、さほど心配はいりません。

不動産投資には、
他のビジネスにはない
多くのメリットがあるんだ！

不動産投資のデメリット

不動産投資にはデメリットもあります。大きく分けて4つあるので、それぞれ紹介していきましょう。

デメリット① 資金が必要

よく「自己資金ゼロからの不動産投資！」などの宣伝文句を見かけますが、資金ゼロからでは不動産投資はできません。最低でも現金50万円＋借金50～１００万円で合計１５０万円程度は必要です。ただし、転貸シェアハウスなら50万円から投資可能です。

デメリット② レバレッジを利かすので失敗するとダメージが大きい

少ない資金で多くのお金を動かせる「レバレッジ」の仕組みは、まさに不動産投資のメリットです。しかし逆に言うと、レバレッジが利いている分、リスクも大きくなるので失敗したときのダメージが大きくなります。実際、業者さんの言うままにやってしまって数千万円の赤字を出した人もいます。

デメリット③ 知識がないとリスクが高い

知識がすべてです。購入するまでも、購入してから満室にするまでも、たくさんの知識と行動が必要です。それらを都度、相談し、解決できる環境をつくるのが大切です。

驚くべきことに、数千万円、1億円以上の物件を買うのに、「何も勉強しない」「物件も見ない人」がいます。それで失敗し、「業者に騙された！」と憤慨するわけですが、さすがに違和感があります。

物件選びも業者選びも、書籍やネット、セミナーなどでいくらでも学べます。にもかかわらず、勉強せずに失敗するのは完全に自己責任です。

10年前と比べたら、不動産投資の情報量は圧倒的に増えました。ネット検索をすると、「戸建てがベスト！」と推奨する人がいれば、「中古RCこそ一番オススメ！」と断言する人もいて、さまざまな意見がヒットします。同じメディアで正反対の主張が展開されていることも珍しくありません。

そのため、知識だけでなく「自分なりの基準」を持っていないと、正しい判断ができなくなります。「自分なりの基準」は成功や失敗を繰り返すことで身につけられますが、遠回りをしたくないのなら、それらを学べたり議論し合えたりするセミナーやサロンなどの環境に身を置くことをオススメします。

デメリット❹ そのほかのデメリット

・不動産価値の下落　所有している物件の価値が下がる可能性がある
・流動性が低い　不動産は株やFXのように売りたいときにすぐ売れない可能性がある
・金利上昇の可能性　変動金利で借りていると、金利が上昇する可能性がある
・老朽化　修繕、または建て替えが必要となる
・空室　埋まらない状況が続く可能性がある
・家賃滞納　入居者に家賃を滞納される恐れがある
・天災　台風や地震などの被害を受ける可能性がある
・事故　孤独死などが起これば「事故物件」となる可能性がある
・債務超過　所有不動産を売却しても、負債を返済しきれない状態をいう

不動産下落、老朽化（による修繕）、空室については購入前にしっかり物件を選ぶことで回避、または予防できます。

流動性の低さに対しては、即日は難しいものの、相場より低い値付けにすればすぐに売

れます。できればある程度の時間をかけて売りましょう。物件が少なくて、買いたい人が多い「売り手市場」であれば高く売れ、物件の数が多くて、買いたい人が少なければ安くなります。賃貸不動産の売買では特に融資状況が影響します。

家賃滞納は、入居者の入居時に家賃保証会社と契約してもらうことで回避できます。万が一、滞納が続いても家賃は代理弁済され、強制執行のための裁判費用も保証会社が支払います（どこまで保証されるかは契約内容によります）。

天災や事故を防ぐのは難しいですが、火災保険でカバーすることができます。

債務超過は、物件購入時にしっかりした自分の基準を持って購入することでほぼ防げます。

こうしたさまざまなリスクについて詳しく知りたい方は、ネットか本で調べてください。

「〜だから不動産は怖い」「〜だからリスクだ」と不安になるのは早計です。メリット⑩にあるように、不動産投資ではかかる費用やトラブルをあらかじめ想定して計画的に対処したり、未然に防いだりできる仕組みが整っています。

不動産投資の成功の形はさまざま

不動産投資には、さまざまな成功の形があります。その一部を紹介しましょう。

成功の形 1 中古物件で規模拡大する

積算評価の高い中古物件（主に中古ＲＣマンション）をたくさん買って、規模をどんどん拡大していく方法です。１０００戸以上を所有し、メガ大家を超えてギガ大家になって成功している投資家もいます。

成功の形 2 再生物件で高利回りを得る

再生物件でキャッシュマシーンをつくって成功するパターンです。基本的には築古物件で法定耐用年数が切れたようなボロ物件を格安で購入し、再生・商品化して客付けをします。所有している間は高利回りが得られるうえに、売却時にはキャピタルゲインを得ることもできます。

成功の形 3 貸家建付地で不動産投資

「貸家建付地の評価減」という節税対策で成功するパターンです。これはもともとお金持ちの人が相続前に都会の一等地を購入する方法で、相続評価が低いため、相続が発生した際に節税ができます。相続完了後は売却し、現金化することで成功を収めるわけです。

ただし、それぞれの成功の形にもリスクはあります。

1の場合、積算だけ取れて稼働率が悪い物件、修繕費で赤字になってしまう物件を買ったら、あっという間に破産するリスクがあります。そのため、この投資スタイルには賛成派と反対派がいます。

2も賛否両論あり、高属性の人がやるとただの回り道になってしまいますが、資金力がない人は現実的な選択肢になります。ただ中には、とにかく安いからという理由で買ってしまい、結局どうしていいかわからずに放置している人もいます。

ＤＩＹをしてコストを下げるつもりが、床を半分まで貼ったところで挫折して売られている物件もあります。

主婦や学生、お金がない人には「再生物件のキャッシュマシーンをつくること」は再現性があるといわれますが、成し遂げる難易度が高いです。

また、1軒当たりの金額は100万円、200万円と安いですが、人件費を丸々1年突っ込むことを考えると物件価格以上になります。300万円で利回り20～30％の物件と、3億円で利回10％を比較すると、後者のほうが稼げるのが現実です。表面上の数字だけに惑わされてはいけません。

3についても勘違いされている点があります。

よくあるのは地方の地主さんが大手アパートメーカーの営業マンの言うことを鵜呑みにして、賃貸ニーズのないエリアに割高な新築アパートを建ててしまう失敗です。税金は圧縮できても賃貸経営がうまくいかなければ元も子もありません。

この場合の肝はエリアがどこであれ、相続評価の出にくい都会を狙うことです。

土地を親が買って、建物を子どもの会社がつくって貸すという形にします。法律が2020年に変わったので、貸すときの地代が安く設定できます。以前は親の土地を借りるときに、借りる地代の相当としてパーセンテージが決められていました。

このスキームでは表向きの利回りは高くありません。東京でも地価の高いエリアであれば、木造アパートでも数億円はします。地方からすると信じられないかもしれませんが、実勢価格の相場が高いので必ず売れるという強みがあります。また将来的に老朽化しても、ＲＣではないので建て壊しも簡単です。

このように、「積算評価は重要ではなく、実勢価格で売れる人気の土地を選んだほうがいい」という価値観もあります。

他にも法定耐用年数の長いＲＣマンションは、銀行評価も高いですが、減価償却を取るために木造アパートを買いたいというニーズもあります。つまりＲＣマンションが一番というわけではありません。とはいえ木造が絶対的な正解でもないのです。

不動産投資における価値観は、その人の属性や目的、保有資産によって大きく異なります。このことを知らないと、表向きの数字だけに飛びついてしまって大きな失敗をしたり、回り道をしたりするリスクが上がります。

不動産投資は、さまざまな手法で成功できますし、その反面、失敗するリスクもあります。「○○が絶対に正しい！」という決めつけは危険です。

各手法の特徴・価値をきちんと把握することが重要です。

成功と失敗は表裏一体

不動産投資の成功談を聞くことは多いかもしれませんが、実は失敗している人も数多くいます。ここでは、どのような失敗があるのかを紹介します。

失敗 1 新築ワンルーム投資

たとえば、都会のワンルームの分譲マンションです。これは業者が先にたくさん利益を取ったうえで販売しているため、購入者は収入がほとんどなく、下手をすれば毎月赤字状態になります。

ノンバンクなど一部の銀行は、1棟目の人にそれなりの低金利で融資していますが、実際の運用では収支がマイナスというケースも多々あります。

あとで気づいてすぐに売却しようと思っても、借入額の半分以下になっているので売るに売れません。

新築ワンルーム投資で儲かっていない人たちは自分の失敗に気づかず、他の投資家の例を聞いて初めて知ることも多いです。

そもそも年金や生命保険など、不動産投資と違うものと比較されることがよくあるため、あまり不動産投資を学んでいない人が、物件の良し悪しがわからないまま購入してしまうのです。

ただ、「将来的には資産になる」といううたい文句は、あながち嘘ではありません。実際に大都市の一等地やブランド駅に直結するマンションなどは新築時よりも大きく値上がりました。

しかし、これは超一等地に限った話です。首都圏であっても、10年前は家賃７万円や８万円だったエリアが、今では半額に値下がっていることもあるそうです。このように、どこで、いつ買ったのかによっても大きく結果は違います。

失敗２ 管理運営

せっかく良い物件を購入し、融資も良い条件で引くことができ、たくさんお金が残る状態にしていても、それで安心してはいけません。建物のメンテナンスや管理会社との管理・募集の内容が、徐々に悪くなっていくパターンがあります。

こうなると、建物が汚くなって入居率が下がり、利益はどんどん失われ、立て直しが難しくなります。

これは築古物件によく見られる失敗例で、私も経験したことがあります。

管理会社の担当者へ「私の物件は大丈夫ですか?」と聞くと、「ちゃんとやっています!」と答えます。

しかし、埋めてもすぐに退去していき、徐々に入居率が下がりました。おかしいと思い現場に行ってみたら、エレベーターホールにクモの巣が張り、虫の死骸だらけになっていたのです。ちゃんと掃除の費用を払っているし、ADは3~4カ月も払っているのに、です。

一部の管理会社は、管理も修繕も募集も横着になる傾向があります。特に、企業の規模が大きくなるほど目が届かなくなるパターンに陥りがちです。

失敗 3 遠隔投資

また、遠隔物件での失敗もよくあります。関西の投資家は関西の物件を買うことが多いのですが、東京の投資家は東京から離れたエリアの物件でも買います。そして「お金は払っているから安心だ」と信じてしまいがちです。

しかし「エアコンを交換しました」と報告を受けたのに、実際は未交換だったり、短期間で同じ設備が3回も壊れたり、3年前に直したばかりの配管の修理を求められたりといった、ずさんで不誠実な対応をされることがあります。

管理会社は「遠隔で絶対に見に来ないから大丈夫」と、大家を軽んじて手を抜いているのでしょう。こちらが不正を指摘しても、「うっかり○号室と間違えていました」などと平気で言い訳をします。

こういう場合、管理会社も工事会社も変更するしかありません。すべてリセットするのです。

常に厳しく見張る必要はないのですが、安定期に入るまでの初期段階では、しっかりテコ入れする必要があります。

それでも一般的な労働集約型の仕事に比べたら、はるかに手間がかかりません。空室が出たら動くくらいで、1年間まったく手を動かさないことも珍しくありません。

ただ不思議なもので、それまで順調だったのに、たまたま質の低い入居者が一人入っただけで物件が荒れてしまうケースもあります。そうは言っても、何かしらの前兆はあるはずなので、気づいた段階で管理会社にチェックしてもらうことでリスクは低減できます。

買ったはいいが後悔している投資家

これは実際に私の友人であった話です。

その友人は公務員で、投資に使うお金は十分持っていたのですが、不動産投資について何も学んでいませんでした。大手アパートメーカーに丸投げしていたところ、新築のワンルームアパートを提案されて、そのまま購入してしまったのです。業者が土地の購入時、建物建築時に利益を抜きとっているため割高です。

入居については長期一括借り上げの条件で契約したものの、2年経つと家賃の見直しが入るため、それ以降は毎月赤字になりました。焦って売却しようとしたのですが、借入れ金額の半分以下の売却額にしかならないという典型的な失敗です。このような被害にあっている人はたくさんいます。

友人に営業した営業マンが用意した豪華なパンフレットには、「儲かる」とは書かれていません。代わりに「団信（団体信用生命保険）や家賃保証があるので安心・安全です」などと書かれています。つまり、嘘はついていないのです。

また別の老舗アパートメーカーでは、営業マンは物件を売るノルマだけでなく「サブリースの保証家賃を引き下げるノルマ」もあるようです。物件は同じ場所にある程度かたまっているので、10棟あったら10棟すべてを下げる交渉をするのです。

入居率が高ければ、跳ね返すこともできるようですが、入居率が落ちていたら営業マンの言うままになってしまいます。なお、このハウスメーカーはエリアによっては数十棟もありますから、近隣のアパートの家賃相場も引き下げてしまうケースもあります。

また、アパートメーカーによっては「修繕は自社で行う」という契約をオーナーと結んでおり、10年経っていないのに外壁の塗り直しなどの修繕が発生することがあります。もしお金がないと言うと、ローンを組んでまで修繕をさせようと迫ります。

ある地主の息子さんが親の不動産を継いだとき、なぜか借金が増えている事態に気づいたそうです。本来であれば建築費としてローンはどんどん減っていくはずが、高額な大規模修繕のおかげで何十年経ってもローンが減っていなかったという話です。

このようなケースでは売却しても残債が残ってしまう場合もあり、損切りのためのお金が必要です。しかし、ワンルームマンション投資なら数百万円で損切りできますが、一棟だと場合によっては数千万円になります。「なぜこんな状況になってしまったのか……」と、この息子さんは途方に暮れていました。

買うことが目的になっていませんか？

不動産の勉強を始めて、どんな物件を買うべきかわかるようになった人にも落とし穴があります。なかなか自分の思うような物件が出てこないため、「銀行の融資が付くから」といって、基準に満たない物件をとりあえず買ってしまうパターンです。これを「買いたい病」といいます。

この買いたい病は、私も何度も経験があります。

不動産投資は数値目標が明確にあるわけですが、本に書かれているのと同じ基準で物件を探すと見つからないものです。

また、誰にも意見を聞かず偏った情報を鵜呑みにして物件を探していると、買うことが目的化してしまうケースもあります。

こうした状況に陥らないためには、常に投資仲間や先輩へ意見・アドバイスを聞ける環境に身を置くのが理想です。

私も意見を求められたときは、「この物件を買ったら、後で絶対に苦労するよ！」と正直に伝えます。相手は落ち込むものの、2~3日したら「良かったです。『買いたい病』でした」と感謝されます。

中には、何もわからないまま妥協して買ってしまう人もいました。物件を買うために猛勉強をして購入の意志を業者に伝えたら「それは昔の話だから今はこれしかない」と説かれ、「そういうものなのか」と買ってしまったそうです。

このように、「買える物件」と「買いたい物件」に乖離があることはしばしばあります。しかし買いたい想いが強く焦り始めると、業者が「今の市場だとこれがせいぜいですよ」「融資を引きたいならこれくらいです」などともっともらしいトークをしてきます。

これに騙されないためには、やはり自分を客観視するために仲間の意見を聞くのが一番です。

ただ、買いたいと望みながらも数字目標が高すぎるせいで、いつまで経っても物件を買えず勉強し続ける人もいます。

そういう意味で、「融資が付くなら買えるチャンスだ!」という勢いも大切です。

たとえば利回り10%の物件を探しているのに、最高8%の物件しか売られていなかったとします。このとき、「8％で買って10年所有する」のと、「10％の物件を10年間探し続ける」だったら、どう考えても前者のほうが正解です。

極端に言うと、何年も買わずにいるのなら、失敗のワンルームマンションでも何でも買って経験を積むべきです。どんな投資家も言わないだけで、1～2回は失敗しています。失敗したら破産するレベルのリスクは避けるべきですが、小さな物件をリカバリー可能な失敗前提で買うのは間違いではありません。

ただし地方の中古RCを数億円で買ってしまい、一撃アウトになってしまった人もいます。規模が大きくなればなるほど失敗のダメージが致命的になるので、「買いたい病」には注意しましょう。特に始めたばかりの人は大規模物件で失敗すると売れないですし、次に買うこともできません。リカバリーが不可能になるので気をつけてください。

不正融資が大きな問題となったスルガ銀行で地方物件を買った人は、最大1億円くらいの物件が中心となっているため、空室率が高くなければプラスの収支で回るため多少はマシです。

ただ私はこれまで「破産しそうなくらい追い込まれている人」は見聞きしたことがありますが、本当に破産した人を知りません。

これはおそらく時間が解決しているのだと思います。金利条件が悪かったら何年か後に借り換えをする。または、ある程度のキャッシュフローが貯まれば繰り上げ返済して、残債を圧縮すれば売却することもできます。ただしリカバリーには何年もかかります。

ちなみに、破産した人は知らないですが、音信不通になってしまった人ならいます。

一時期は私へ頻繁に質問をしてきたのですが、いつのまにか連絡が来なくなった人がいました。気になって私から連絡をしたところ、高利回りのボロ物件を買ったものの、立地が悪いため入居付けがうまくいかず給料から持ち出しをしていたそうです。

その人は属性が高かったので、毎月赤字でも耐え切れたのでしょう。このように同じように失敗していても、なんとか耐え切れる人というのも一定数は存在します。

結論を言えば、不動産は買わなければ始まりませんが、買うことが目的になって大きな失敗をしてしまうと、そのリカバリーには時間がかかるわけです。

とはいえ、最初から最良の物件を買うのは難しいので、失敗をしない物件を買うほうが現実的です。そして、無理のない範囲で物件を買い進めていくのも一つの道筋なのです。

不動産投資「成功」の定義

私が考える不動産投資「成功」の定義は、以下の三つです。

✳成功の定義❶ 購入金額＜資産価値がある

地方物件なら積算評価ですし、都心物件であれば積算よりも実勢価格の高さが重要になります。再生物件の場合はしっかりキャッシュを出せること。ひと口に資産価値があるといっても意味はさまざまですが、簡単に言うなら「安く買えている」ということです。

✳成功の定義❷ 返済比率50％を基準とする

融資が付くだけではなく、手残りやキャッシュフローが出る物件を買えているかがポイントです。不動産投資には経費がかかるため、返済比率を高く上げすぎてしまうと、お金が回らなくなってしまうので注意しましょう。

✴成功の定義❸ 買った後も次の物件を買って拡大できる状態である

ここが一番苦労している人が多い項目だと思います。ボロ物件でも数千万円の物件でも、どこかで止まってしまうものです。

拡大し続けるのは難しく、ある程度の経験値のある投資家でも途中で詰まってきます。銀行評価が高い物件を買っていこうとしても、規模が大きくなるとメンテナンスが利かなくなり、入居率が大幅に下がります。結果的に融資が付かなくなります。

規模拡大の条件としては、すでに所有している物件がきちんと回っている、つまり安定的に運営できていることが前提となります。そのうえで銀行評価がある程度ないと、債務超過になってしまいます。稼働率も良く利回りも高い上で、積算評価も出ている状態が重要です。

さらに私くらいの規模になると、自己資本比率も大切な指標になります。各金融機関にもよりますが、健全だとみなされる割合は10％といわれており、20億円規模だと２億円は持っておくべきとなります。

このように求められる銀行評価は規模によって異なりますし、規模が大きければ安泰というわけではありません。

　不動産投資は、いろいろなリスクがあるものの中でリスクを解消できる物件を見つけ、そういう物件を安く購入すること。購入後はリスクを解消し、良いものに作り上げ、そしてインカムゲインを狙うことが目的です。

　その後は長く持ち続けながら、最適な時期に売却してキャピタルゲインを狙いましょう。

　こういった物件を繰り返し購入し、規模の拡大と物件の質の向上を続けることが大切です。

●ひろっちゃんの考える「成功」の定義

①購入金額<資産価値がある

②返済比率50%を基準とする

③買った後も次の物件を買って拡大できる状態である

出口を見据えた投資とは？

出口を見据えた投資とは、「持って良し」「売っても良し」の物件をたくさん持っていることです。

景気の周期は10年ごとに移り変わるといわれています。『金持ち父さん貧乏父さん』シリーズのロバート・キヨサキ氏の本にも出てきますが、世の中の景気が下がったときに安く買い、景気が好くなって銀行の融資が開いたときに高く売るのが一番儲かる戦略です。

個人投資家の強みは、売買のタイミングを自分の判断で決められること。

業者は市況に関係なくある程度の売買をしなければなりません。たとえば高く売れたとしても、仕入れが高ければ利ざやは同じです。また争奪戦で買ってこないといけないので、あまり儲けがない仕事でもしなければなりません。安い時期でも、お客さんが少ないので買いづらくなることもあります。そうしたなかで常に買ったり売ったりを繰り返さなければならないのです。

一方、個人投資家は安い時期は保有し続けてインカムゲインを得ればいいわけですし、高い時期は売却すればいいのです。

幸せな成功者になる

不動産投資は、他の投資でよくある労働集約型ではありません。

「労働集約型」とは、ロバート・キヨサキ氏の『金持ち父さんのキャッシュフロー・クワドラント』（筑摩書房）でいうところの、「Self-employed（セルフエンプロイド）」です。

簡単にいえば、「頑張ったら、頑張った分だけお金がもらえる」ことです。これ自体は悪いことではないのですが、時間も体力も有限である以上、労働集約型だけでは成功できません。

不動産投資の場合、働き続けて体や心を壊すことなく、生活にゆとりをもって投資が可能です。そのため、成功しながら幸せをつかみやすいといえます。

成功と幸せはイコールではありません。成功したいという想いを、とても大切にしていますが、幸せになりたい想いも、私はとても大切にしています。お金を生み出す仕組みをつくって、あなたも一緒に幸せな成功者になりませんか。

次章からは具体的に不動産投資で成功する方法をお伝えします。

●キャッシュフロー・クワドラント

第　2　章

あなたにふさわしい
投資法とは？

自分の現在地を把握しよう

不動産投資には、さまざまなステップがあります。そのステップはその人の現在地によって変わります。現在地とは年齢や年収、自己資金、またどれくらいの投資規模を目指すのかにもよります。まずは自分の属性を書き出して把握してみましょう。項目は次のとおりです。

【サラリーマンの場合】

- 年収
- 過去3年間の確定申告
- 自己資産
- 債務
- 預金

【自営業の場合】

・年商
・年収
・過去３年間の決算書がプラスかマイナスか
・自己資産
・債務
・預金

大切なゴール設定

まず、あなたの望む状態を思い描いてみましょう。

目をつむって3回深呼吸をしてみてください。とりあえずでいいので、頭の中に望む状態を思い浮かべてみましょう。それを口に出して、出た言葉を文字にしてみてください。

たとえば『働かないでも好きなものが買える状態。月の家賃収入200万円、手残り100万円』などです。

最初は漠然としたイメージかもしれませんが、徐々に具体的なゴールを描きます。「お金持ちになる」ではなくて、「どこに住んで何をしたいのか」「〇年後に〇〇を買いたい」といった希望でもいいですし、子どものころの憧れの職業を書いてもいいでしょう。

そうやって目標が具体化すればするほど、その目標を達成するために、どれくらいの収入が必要なのか、金額に落とし込むことができます。

さらに、いつまでに実現したいのかという期限を定めることで、「〇年で〇万円の収入を得る」というところまでゴールが明確になっていきます。

自己資金別、ゴールから逆算して道筋を決める

次に、あなたの目指すゴールにたどり着くための自己資金別で紹介しますので、まずは自分の現在地を把握してから、次に何をしていけばいいかを整理しましょう。

◆50万円から始めて５００万円を目指す（築古戸建て編）

①まずはお金をつくります。50万円を用意しましょう。そこに１００万円程度の借入れをして合計１６０万円を用意します。

②次に、80万円の中古戸建物件を見つけて、80万円かけてＤＩＹや修繕をします。合計１６０万円で仕上げます。

③仮に４万円の家賃で入居してもらうと年収48万円です。48万円÷１６０万円×１００＝表面利回り30％になります。

④年17％の利回りで売却すると、２８２万円になります。

⑤そして、売却額２８２万円を使って同様のものを2棟仕込みます。

⑥それを売却すれば、次のステップ500万円の資金を1年でつくることができます。

⑦または、売却せずに所有する方法もあります。利回り30%なので、3年ほどで初期費用は戻ります。その後はずっと利益が続くというかたちになりますが、投資拡大スピードは非常に遅いのでオススメしません。やるなら一気に現金を増やしましょう。

◆500万円から始めて1000万円を目指す（築古アパート編）

①「築古戸建て編」と同様、まずは500万円を用意します。すでに持っている人はそれを使いましょう。

②次に4～6戸の築古アパートを見つけて最低限のリフォーム工事で仕上げます。こちらも「築古戸建て編」と同じ考え方です。

たとえば4戸アパートの場合、次のようなシミュレーションになります。

・物件価格　4戸×80万円＝320万円
・工事費　4戸×80万円＝320万円
・合計　640万円

③さらに計算を進めます。家賃は仮です。4万円の家賃×4戸×12カ月＝年収192万円

192万円÷640万円×100＝表面利回り30％
192万円÷0・17＝1129万円で売却します。これにより、約1000万円の資金ができます。
これがお金をたくさん持っていない人が最初に行うべき投資法です。

◆1000万円から始めて家賃収入1000万円を目指す（中古一棟マンション編）

①まず1000万円を用意します。
②5000万円～1億円の物件を探します。
③並行して銀行を開拓、可能であれば紹介してもらいます。
④物件が出たら物件のチェックをします。ポイントは次の2つです。
・適正価格かどうか?
・家賃は相場と合っていて満室にできるか?
そして指値と買付証明を入れます。
⑤融資を付けます。銀行に持ち込み融資をお願いします。
⑥融資が付けば契約、その後決済。

⑦契約すれば、決済までに管理会社を見つけます。
⑧決済に合わせて管理の引き継ぎを行います。
⑨入居活動で満室にすれば安定収入を得られます。

◆3000万円から始めて家賃収入3000万円を目指す（中古一棟マンション編）

世間で流通している一棟マンションで最も多いのが1～3億円です。その理由は、一番扱いやすく業者が儲かりやすいからです。1億円の物件も3億円の物件も手間はほぼ変わりませんが、規模も収入も3倍になります。そのため大きいほうが人気なのです。

ただ大きすぎると銀行が慎重になり融資が付く人が限られてくるので、1～3億円が良いでしょう。購入手順は前の「中古一棟マンション編」と同じです。

◆2000万円から始めて新築利回り10%を目指す（新築アパート編）

①2000万円を用意します。
②地方で駅徒歩10分未満の土地200㎡以上の安い物件を見つけます。

③坪単価45万円程度で安く建ててくれる工務店を見つけます。
④その地域のワンルームマンションのニーズと家賃帯を調べます。たとえば、関東なら20㎡以上、大阪なら25㎡以上で、家賃帯が6万円以上です。
⑤工務店にプランと見積りを頼みます。
⑥年間家賃を出し、土地建物の合計金額から利回り10％を目指します。
⑦計画を銀行に打診し、融資を引きます。
⑧土地決済、建築工事、入居付けができれば新築アパートの完成です。
＊新築のＲＣマンションについては難易度が高いため、巻末で解説します。

ここまで5つのステップを紹介しましたが、自分が今どのステップを始めるべきかを把握することが大切です。今のステップがわかれば、次のステップも見えてきます。

投資手法は「再生」「中古」「新築」

続いては具体的な投資手法を解説します。本書では基本的に不動産投資対象として一棟物件をオススメしています。しかし、一棟物件投資にもいくつかの種類があります。

◆投資手法「再生」

まずは再生です。再生とは耐用年数がほぼない、もしくは完全に切れているもの。かつ担保評価が出ないもの、もしくは出ても低いものです。

たとえば建物として使えない状態になっている、再建築不可・テラス（連棟長屋）・接道や権利関係が複雑など一般の人が買いづらい理由で安くなっています。そのため、手間とコストをかけて再生しなければ商品価値がありません。

再生する難易度は高いですが、完成すると大きなキャッシュを生むことができます。

しかし耐用年数が少ない、または切れている状態の建物や、接道がなく再建築不可の物件の購入になることが多いので、積算価格がそもそも出ないものが大半です。

それを買い進めていくと借入れは増えていきますが、担保価値がないので銀行から見ると単に負債を増やしている状態になり、債務超過とみなされることがあります。そのため融資が付きにくくなり、拡大していくのが難しくなるのです。

最初、お金がないときは再生から始められるのが良いと思いますが、早めに売却して１０００万円程度の貯蓄ができれば、中古物件に切り替えるのが良いでしょう。

再生物件は、安く買える物件を再生するところにチャンスがあります。

しかし、一定以上の属性の人が実践すると回り道になる可能性もあるため、短期売買を狙うのが良いでしょう。アパートを毎年1棟再生して売るイメージです。小さいものであれば年３棟が限度です。ただしキャッシュはたくさん生まれます。

先日、私が再生した物件が高値で売れました。購入価格３００万円、工事費３００万円、家賃として１００万円のインカムゲインがありました。それが約２０００万円で売却できました。

こうした売買を年1回できれば、１０００万円、２０００万円の利益が出ます。物件を買い続けていることはキャッシュアウトが伴うので、カンフル剤として短期でお金が入る物件をはさんでいくのが良いと思います。

ただし、その割合は自身の不動産投資（不動産賃貸事業）の10分の1以下にしておきます。それを超えてしまうと銀行にとっては負債になるので、長期保有物件の足を引っ張ることになってしまいます。

また、年に複数棟の売却は宅建業者とみなされてしまいます。

現金になった段階ではプラスに働くけれど、所有している段階では金融機関からはマイナスに働いてしまう物件になるわけです。このように再生物件と中古高利回り物件は、また違う意味があるのですが、そこの区別がついていない人が多くいます。

◆投資手法「中古」

二つ目は中古です。再生が手間とコストをかけて商品化しなくてはならないとすれば、中古物件であれば満室でのオーナーチェンジもありますし、空室があっても原状回復工事程度で貸し出せるケースも多いです。

こうした中古物件をどんどん増やしていく方法ですが、これも地方物件で積算価格が高い物件を購入していくことにより規模の拡大が可能です。

ただ地方物件でも築年数が古くなるにつれ手間がかかり、あまり買い進めると建物を健全に管理していくことが困難になったり、入居率が下がって不安になったりします。ある程度までは自分で管理ができる規模で留めておくのが良いでしょう。

中古投資で慣れてきたら、再生を加えるのも良いと思います。

『健美家』などのデータを見ると利回りがそれなりに高く、評価が出る中古物件が人気です。

1棟目を購入するときはハードルが高く、買い付けを入れても他の投資家に買われたりするのですが、何度か買っていくと物件情報が流れてくるようになります。とにかく最初が一番苦しい闘いです。

また売買を経験していくと、自分なりに得意・不得意なエリアや物件スペックが見えてきます。ただし、たくさん所有しすぎるとメンテナンスが行き届かなくなる恐れがあります。

◆投資手法「新築」

三つ目は新築です。新築RCマンションにせよ、新築木造アパートにせよ、新築は建築中にその銀行で他の物件の融資ができなくなる可能性も高く、土地を購入してから入居づけまで1~2年はかかります。建ってから埋めるのも容易ではありません。

新築は特に初心者から人気ですが、実はお金を生むようになるまでには時間がかかります。また、工事が途中で止まってしまうこともありますし、新築当初の家賃は、高くても2巡目の家賃が下がってしまうリスクもあります。

一度にあまり棟数を増やすとリスクが高くなりますので、木造、ＲＣともに年に1棟くらいがいいのではないでしょうか。

自分で土地からプランニングする投資は難易度が高いため、パッケージ化された投資プランを提供する会社があります。何もない土地を買って建物を建てるので時間はかかりますが、土地のプランが付いてくるので自分が考えることはほぼありません。正直、私的には儲からない物件ばかりなのですが人気を集めています。

ある人の例を挙げると、関西で建売りの新築アパートを買ったそうです。利回り10％近くあり、都市銀行から金利が低い時期に融資を受けていて、金利は約1％です。それだけ聞くと儲かっているように感じますが、実際には安普請で居住性が低く入退去が激しいため、儲かっていないそうです。

くわえて大阪でも賃貸需要が少ないエリアだとＡＤが高いです。いくら利回りが良くても募集コストがかかるので儲かりづらいということでしょう。

競争力がない狭い部屋だと客付けは大変ですし、新築プレミアの効果が切れて家賃が大きく下がるリスクもあります。

このように、新築投資は簡単ではありませんし、リスクが非常に高い手法です。

ただ、かなりの規模で安定的に運用ができていたり、属性が高かったり、実績があったりするのなら、新築を毎年１棟建てていく戦略も良いでしょう。そうした現実を知らず、ただ流行っているからという理由だけで新築投資をするのは建築士としては危険だと忠告します。

第　3　章

あなたの資産を
10倍に増やす7つのステップ

＊第3章から第5章まで不動産投資で使うシートや図表にインデックスを付けています。マニュアルとしてお使いください。

ステップ1　買う準備を整える

この章では、あなたが持っている資産を10倍に増やす不動産投資7つのステップを紹介します。

まず大事なのは、「すぐに動ける・買える人にしか物件は来ない」ということです。

そのうえで押さえておくべきなのは以下のポイントです。

- 自己資金の準備
- どの銀行でどこまで融資が引けるのか把握
- 決算書・所有物件表など必要書類のスムーズな提出
- すぐに査定・指値できるように計算に慣れる
- 業者さんとつながっておく

このように不動産はとにかく準備が大事です。次のステップからは具体的にどう行動すれば良いかを詳しく解説していきます。

ステップ2 良い物件を探す

良い物件を探すためにはポータルサイトの環境づくりが必須です。次にその手順を紹介します。膨大な物件情報をいかに効率良く精査するか、そのための基礎となる部分です。

◆ポータルサイトの環境づくり

・Google Chrome（グーグルクローム）をインストールします。私のオススメはGoogle Chromeですが、ご自身の使いなれたブラウザでもOKです。

・Gmail（ジィメール）アカウントを取得します。Gmailが必須ではありませんが、使いやすいのでオススメです。私はアカウントを6個作っています。

ここでのポイントは中古用・再生用で別に取得すること。たとえば、中古用を「〇〇_tyuko@gmail.com」、再生用を「〇〇_saisei@gmail.com」にするイメージです。

この理由は、中古用・再生用それぞれ物件の情報や見る基準が全く異なることです。加えて物件情報のメールが大量に届くため、一緒に管理していると混乱するからです。

私の場合、業者の紹介用アカウント、大阪市内の良いところだけのアカウント、都心の東京や名古屋を入れたアカウント、大阪府下のアカウント、地方のアカウント、再生のアカウントに分けています。

ちなみに私が物件を探す時間は1日30分程度です。1日100件、月3000件程度をチェックしています。

・外部モニター

自宅で作業をするときはモニターが複数あると便利です。これは2台の画面（ノートPC、モニター）で情報比較する作業があるためです。

◆ポータルサイトの一覧

続いて、ポータルサイトの一覧を紹介します。『健美家』・『楽待』・『ライフルホームズ』・『競売「981」』・『家いちば』、この5つは見るようにしましょう。今回は、『健美家』と『楽待』を中心に紹介します。初心者の方はこの2つを中心に探してください。

●主なポータルサイト

健美家 https://www.kenbiya.com/	必須です。初めての方はこちらを中心に探してください
楽待 https://www.rakumachi.jp/	必須です。初めての方はこちらを中心に探してください
ライフルホームズ(HOME'S) https://www.homes.co.jp/	中古物件を探す際にオススメ
競売「981」 https://981.jp/	興味があれば
家いちば https://www.ieichiba.com/	興味があれば

ステップ３　大量の物件情報を選別

物件情報を集めたら、それを確認する作業が必要です。ポータルサイト別の物件選別の方法をお伝えします。

◆条件表――『楽待』

Ｇｏｏｇｌｅで『楽待』を検索して、トップページからアカウントを取得し、条件検索画面へ。次のとおり**条件表**を入力し、条件に沿った物件情報をメール（物件専用メール）で受け取れるように設定します。

> **①地域：自分の住んでいる地域以外にもよく行く地域なども登録**
> **②物件：一棟アパート、一棟マンション、戸建てなど**
> **③利回り基準：８％以上**

『楽待』の場合、条件設定が一つずつしかできません。

そのため、一棟マンション・一棟アパート・戸建て・再生用の一棟マンション・再生用の一棟アパート・再生用の戸建ての６種類と、東京や大阪、その他地方の10種類、計60種類の条件設定をしなければなりません。**条件設定チェックリスト**を使います。

エリアに関しては自分の地域の周辺で考えます。たとえば私は大阪在住なので、京都・奈良・和歌山・兵庫・三重・滋賀は含めます。関東の人なら千葉・埼玉・神奈川・静岡・山梨あたりまでを入れましょう。

◆条件表──『健美家』

Ｇｏｏｇｌｅで『健美家』を検索。トップページからアカウントを取得し、条件検索画面へ。**条件表**を入力し条件に沿った物件情報をメール（物件専用メール）で受け取れるように設定します。

①地域：自分の住んでいる地域以外にもよく行く地域なども登録（ミーティングにて）
②物件：一棟アパート、一棟マンション、戸建てなど
③利回り基準：８％以上

●条件表

中古用楽待・健美家	
物件種別	1棟マンション/1棟アパート/1棟商業ビル/戸建賃貸 賃貸併用住宅/倉庫/工場/土地
都道府県	大阪府
物件価格	～5億円まで
表面利回り	8%以上
構造	こだわらない
築年数	～30年まで
最寄りまでの時間	～20分まで

再生用楽待・健美家	
物件種別	1棟マンション/1棟アパート/1棟商業ビル/戸建賃貸 賃貸併用住宅/倉庫/工場/土地
都道府県	大阪府
物件価格	～1億円まで
表面利回り	12%以上
構造	こだわらない
築年数	こだわらない
最寄りまでの時間	こだわらない

●条件設定チェックリスト

	物件種別	大阪	京都	奈良	和歌山	兵庫	三重	滋賀
中古	1棟マンション	○	○	○	○	○	○	○
	1棟アパート	○	○	○	○	○	○	○
	1棟商業ビル	○	○	○	○	○	○	○
	戸建賃貸	○	○	○	○	○	○	○
	賃貸併用住宅	○	○	○	○	○	○	○
	倉庫	×	×	×	×	×	×	×
	工場	×	×	×	×	×	×	×
	土地	×	×	×	×	×	×	×
再生	1棟マンション	○	○	○	○	○	○	○
	1棟アパート	○	○	○	○	○	○	○
	1棟商業ビル	○	○	○	○	○	○	○
	戸建賃貸	○	○	○	○	○	○	○
	賃貸併用住宅	○	○	○	○	○	○	○
	倉庫	×	×	×	×	×	×	×
	工場	×	×	×	×	×	×	×
	土地	×	×	×	×	×	×	×

◆早見表――中古

ポータルサイトの設定を行うと、毎日どんどん物件情報が来てさばけなくなります。その際に役立つのが**早見表**です。これはＲＣ・鉄骨・木造の３タイプがあるのですが、指値対象となる利回りの物件は資料請求しましょう。

利回りは、目標利回りから３％低いものにしています。目標よりも１％低い利回りで買えると、返済比率が50％になります。つまり早見表があれば、いちいち電卓をたたく必要がなくなるわけです。

そして該当した物件のみ印を付け、残りはゴミ箱に入れていきます。たとえば、「今出ている物件は利回り14％だな。よし、チェック」という感じのシンプルな作業なので、１００件チェックするのも30分かかりません。

ちなみに１００件のうち、クリアするのは3件程度です。１カ月続けて90件くらいです。そこからさらにヒアリングすると、10分の1程度になるので、３０００件見て月10件というイメージです。

●中古早見表

構造	西暦表示	年号表示	対象築年数	指値対象利回り	目標表面利回り	ローン年数	売却時期
RC造	2004年～	平成16年～	築17年～	7%以上	10%超え	残30年	20年
RC造	1998年～	平成10年～	築23年～	8%以上	11%超え	残24年	20年
RC造	1997年～	平成9年～	築24年～	8%以上	12%超え	残23年	20年
RC造	1996年～	平成8年～	築25年～	9%以上	13%超え	残22年	15年
RC造	1995年～	平成7年～	築26年～	10%以上	14%超え	残21年	15年
RC造	1994年～	平成6年～	築27年～	11%以上	15%超え	残20年	15年
RC造	1984年～	昭和59年～	築37年～	12%以上	20%超え	残10年	5年で建替え
S造	2017年～	平成29年～	築4年～	7%以上	10%超え	残30年	20年
S造	2010年～	平成22年～	築11年～	8%以上	12%超え	残23年	20年
S造	2009年～	平成21年～	築12年～	9%以上	13%超え	残22年	15年
S造	2008年～	平成20年～	築13年～	10%以上	14%超え	残21年	15年
S造	2007年～	平成19年～	築14年～	12%以上	15%超え	残20年(20)	15年
S造	2006年～	平成18年～	築15年～	12%以上	16%超え	残19年(20)	15年
S造	2005年～	平成17年～	築16年～	12%以上	17%超え	残18年(20)	15年
S造	2004年～	平成16年～	築17年～	12%以上	17%超え	残17年(20)	15年
S造	2003年～	平成15年～	築18年～	12%以上	17%超え	残16年(20)	10年(20)
S造	2002年～	平成14年～	築19年～	14%以上	20%超え	残15年(20)	10年(20)
S造	1997年～	平成9年～	築24年～	14%以上	20%超え	残10年(20)	5年(18)で建替え
W造				無し	無し	無し	無し
W造	2019年～	令和1年～	築2年～	9%以上	10%超え	残22年(新築)	20年
W造	2017年～	平成29年～	築4年～	11%以上	14%超え	残18年	15年
W造	2009年～	平成21年～	築12年～	12%以上	20%超え	残10年	5年で建替え

◆早見表――再生

再生の目標は利回り30％で仕上げることです。利回り30％で仕上げられたら、どんな時期でも利回り20％で売却できます。

そのための逆算できる表が**83ページの再生早見表**です。たとえば、家賃４万円の地域なら年間収入は48万円です。これを30％で逆算すると、１６０万円で仕上げればいいとなります。

つまり、工事費で80万円程度かかるなら、家賃４万円の地域であれば80万円で仕入れたらいいわけです。工事費80万円を入れたとしても20％で売ったら２４０万円になるので、80万円の利益を得られる計算になります。

他の例でいうと、東京23区の物件で家賃6万円の地域なら年間72万円になります。利回り30％で仕上げるなら２４０万円です。つまり工事費が80万円なら、１６０万円で買ってもいいわけです。

アパート４戸1棟の場合、仮に周辺のアパートの家賃が6万円だったとして、年間収入は72万円×４戸＝２８８万円になります。これを30％で仕上げるなら工事費を含め９６０万円で仕上げます。

利回り20%で売却するのであれば、1440万円で売れるので投資としては大成功です。

このように早見表を使えば物件をチェックする時間を大幅に短縮できます。

再生物件の場合は、具体的には以下の流れです。

①謄本・Googleマップ・路線価表を使って、土地と建物の積算評価額を出す
②現状の家賃（収益となりうるもの）から現状収益還元を算出
③満室の想定家賃（収益となりうるもの）から満室想定収益還元を算出
④算出した現状家賃の30%越えの金額を仮指値金額とする
⑤改修費の計算をする（戸数×80万円＝工事費）
⑥指値金額の算出（仮指値金額－工事費＝指値金額）

●再生早見表

1戸当たり月家賃	年間家賃	利回り30%の場合 物件価格＋工事費	利回り20%以上で売却 売却価格
2万円	24万円	80万円	150万円
2.5万円	30万円	100万円	170万円
3万円	36万円	120万円	190万円
3.5万円	42万円	140万円	210万円
4万円	48万円	160万円	230万円
4.5万円	54万円	180万円	250万円
5万円	60万円	200万円	270万円
5.5万円	66万円	220万円	290万円
6万円	72万円	240万円	310万円
6.5万円	78万円	260万円	330万円
7万円	84万円	280万円	350万円
7.5万円	90万円	300万円	370万円
8万円	96万円	320万円	390万円
8.5万円	102万円	340万円	410万円
9万円	108万円	360万円	430万円
9.5万円	114万円	380万円	450万円
10万円	120万円	400万円	470万円

◆物件の問合せ方法

物件情報を精査して基準に合うと判断したら、次に届いたメールから問合せをします。次のページに掲載しているのは、私が使用している文章です。参考にしてください。

◆提案メールのお断りの仕方

業者から送られてくる提案メールに対するレスポンスをいい加減にしている人も多く見受けられます。物件が条件に合っていない場合でも、お断りはきちんとしなければなりません。これをすることで『楽待』で星5つに上がります。上位に上がると良い情報も送られて来るようになるでしょう。

断りの返信をするときは定型文を利用するようにしましょう。

【資料請求文章】

お世話になります。
（株式会社○○の）○○と申します。
物件紹介ありがとうございました。
早速ではありますが、以下の資料をお願い致します。
・物件概要書
・地図
・レントロール
・公課証明書
・謄本（土地・建物）
・公図
・測量図
・検査済証
・建物図面
よろしくお願い致します。

【業者への断り文章】

○○さま
大変お世話になります。
ご丁寧にお返事頂き、誠にありがとうございます。
計算すると、あまりに価格差がありましたので
残念ですが今回は見送らせて頂きます。
また、良い物件があればよろしくお願いします。

ステップ４　瞬時で採算が合うか確認

採算に乗る物件かどうか瞬時に見極める方法は、「長期的に見て採算に乗るかの計算（中古物件）」と「安く買う（再生物件）」の二つがあります。

◆長期的に見て採算に乗るかの計算（中古物件）

①　物件資料を元にして積算価格を算出する

ここでは概要書とレントロール表を元に、**計算シート**にはめていくことで積算価格が出ます。

②　物件資料を元にして積算と収益還元価格を算出する

満室想定の返済比率50％にしたときの収益価格評価を出す表を紹介しています。この例でいうと、１億円の物件で9・35％、レントロール表でいうと空きが3件ある状況です。

●物件概要

物件名	サンアーキ物件				
価格	100,000,000				
交通					
所在地	住居表示				
土地	地目		権利	所有権	
	土地面積	661 ㎡	現況(土地)		
建物	構造	RC 階	現況（建物）		
	延床面積	790 ㎡	築年数	1997年	築 24 年
	検査済証			平成9年	築 23 年
	駐車場		総戸数	12	
年収	現状月収	585,000 円	現状年収	7,020,000 円	
	満室月収	780,000 円（P含まず）	満室年収家賃	9,360,000 円	
リサーチ後年収	満室月収	780,000 円			
路線価		42,000 ／㎡			
内容					

●計算シート

積算評価額（万円）

土地面積		×路線価						=土地評価額	
661.00	×	42,000					=	27,762,000	
延床面積		×再調達価格 (W:13,S:15,RC:17)		×残り年数 (耐用年数-築年数)		×耐用年数		=建物評価額	
790	×	170,000	×	23	÷	47	=	65,721,277	
土地評価額		＋建物評価額						=合計	物件価格比
27,762,000	+	65,721,277					=	93,483,277	93%

収益還元評価額（現状）

【現状月収家賃】（家賃＋共益費＋駐車場代）　※水道代は入れない

利率	残り年数	現月収家賃	現年収家賃（月収×12ヵ月）
3	23	585,000	7,020,000
返済額（月収÷2）	融資額(評価額)		利回り（満室年収家賃÷融資額）
292,500	58,265,047		16.1%

収益還元評価額（満室）

【満室月収家賃】（現月収家賃+空室の想定家賃+共益費+現駐車場代+想定駐車場代）　※水道代は入れない

利率	残り年数	現月収家賃	満室年収家賃（月収×12ヵ月）
3	23	780,000	9,360,000
返済額（月収÷2）	融資額(評価額)		利回り（満室年収家賃÷融資額）
390,000	77,686,729		12.0%

積算価格だと9348万円、現状空室の状態で金利3%の場合、5826万円、利回り16・1%になります。満室の場合7768万円、利回り12・0%になります。

そして、満室想定で見る場合と現状で見る場合があります。空室率の高いエリアは満室想定しても満室にならない可能性があるので、その場合は空室のままの価格で指値をしなければなりません。

③ 採算が合うかリサーチする

物件探しでもっとも大切なのは「満室にできるか否か」の判断です。そのためには、投資エリアの空室率の高さなど自分でリサーチして把握する必要があります。具体的な調べ方は**【ステップ5】物件情報のリサーチ（周辺家賃調査）**を参照ください。

④ 指値額の算出

満室パターンなら地銀で7768万円で買えばいいことになります。

実際に指値をするときに「積算では9348万円ほど出るのですが、現状で収益評価を出すと約７７６８万円（地銀の場合）になるため、そんな大幅な指値はできないですよね？」と確認しましょう。すると、相手はあなたが真剣に見ていることがわかるので返事をもらいやすくなります。

つまり、闇雲に指値をするのではなく、根拠がある指値だということを示すわけです。具体的な指値の方法は**【ステップ６】目標利回りで指値**にて詳しく解説します。

ステップ５　物件情報のリサーチ（周辺家賃調査）

リサーチとは、物件を満室にできるかどうかを見極める方法です。

リサーチの目的は、物件近隣の賃貸仲介不動産業者に適正家賃を調査することです。ポイントは、Ｇｏｏｇｌｅマップで物件周辺の不動産業者を検索します。具体的には「○○市　賃貸」で検索すると複数の店舗（アパマンショップ・ミニミニ・エイブルなど）が出ます。そこにリサーチの電話をしていきます。

注意事項として、不動産業者には賃貸専門と売買専門とその両方をしている業者がいます。売買専門とは物件そのものの売り買いをする業者ですので今回は除きます。

◆事前に情報元の業者に確認しておくべきこと

リサーチする前に、事前に情報元の業者さんに次の内容を確認しておきましょう。

- ・現在空室の原状回復工事を売主がしてくれるかどうか
- ・現在の空室は、どれくらいの期間空いているのか
- ・現在の管理会社を聞いて、そこにもリサーチして良いかの確認
- ・年度末のレントロールは退去者が増えている可能性があるため、最新のものを確認
- ・社宅・法人契約が多いものは、その入居者の契約期間を聞く

◆リサーチ中の注意事項

まず電話で話を聞く相手は営業マンです。相手が接客中の場合は、当然ながら接客が優先になるので、「失礼しました」と述べて一旦切るのが大事です。

そして、「間取りは風呂・トイレが別々か」、また「和室か洋室か」を伝えます。これは和室か洋室かで賃料や入居付けのしやすさが変わるためです。

郊外にある物件の場合なら、駐車場の台数を伝えましょう。もし台数が足らなければ、近隣に貸し駐車場があるかどうかを確認します（郊外は基本的に車社会のため、駐車場が確保できないのは入居付けに非常に不利。地域によりますが、１世帯につき必ず１台は必要で、２台が望ましいです）。

特に単身物件の場合は、「その地域に需要があるのか」の確認は必須です。場所によっては単身の需要が厳しいエリアもあり、どう頑張っても満室にならないケースもあるので注意してください。

想定賃料の書き方は、安値と高値を聞き、たとえば「この部屋だと5万円代の後半くらいでしょう」と言われたら、５・６～５・９万円と表に書きます。

おおよそ5件くらい聞けば問題ないでしょう。

●リサーチ表

リサーチ（中古・既築）住所・間取り・住居面積・建物構造・築年数・階段とEV有無
駐車場（空数）・戸数（空室）
地図印刷　　　　　　　　　　　　　　　　　　管理会社
外部駐車場（借可・借不可）　　　　日付　　　　空室リフォーム

業者	賃料	敷礼／広告料	競合（管理物件）	入居者ターゲット／地域需要／埋まるか？

◆レントロールの見直しと収益還元価格の引き直し

完成した**リサーチ表**に書いた安値と高値との中間を取ります。その額がその部屋の実勢家賃と想定しましょう。その家賃をレントロールの想定賃料に入れて、収益還元価格を引き直しましょう。

◆物件ファイリング（ボツ物件ファイル）

検討する物件の数が多くなったときは、ステイタスごとに分類して整理します。

私は検討中の段階では見出し表を付けて、ヒアリングして検討から外れた場合はボツ物件ファイルに入れています。こうしないとポータルサイトで見ていたら何回も同じものが出てきます。ボツ物件ファイルに入れることで、「ああ、前はこの理由でやめたんだ」と思い出せるのです。

ステップ6 目標利回りで指値

物件を購入するためには、その物件を扱う不動産業者に買付証明書を出す必要があります。買付証明書を出すタイミングは業者に聞いて判断を仰ぎましょう。

大まかな流れは、以下のとおりです。

- ・物件の積算と収益価格を出す
- ・その計算を基に購入希望価格を出す
- ・不動産業者と交渉

また、不動産業者との交渉は言い方が大事です。ただ安く買いたいと言っても業者は相手をしてくれない可能性が高いです。

以下に例を挙げますが、ポイントは「うちは本気で物件を買います！」という姿勢が相手に伝わるかどうかです。

買うために具体的に計算をしてきちんと購入可能金額を伝えることで、「この人は本気で買おうとしているし、買える力があるんだな」と伝われば話を聞いてもらえます。

さらに物件の購入実績、銀行との取引実績も伝えれば相手はより安心します。業者は取引が成立することで初めて利益が出るので、取引成立のために物件購入できる人を相手にしたいのが本音です。

つまり「うちは購入できますよ！」とアピールするのが大切です。

そして次のように言います。

【交渉の事例】

「○○さん、ご相談があるのですがいいですか？　ご紹介いただいた物件について弊社なりに計算した結果、積算価格では１億９０００万円、収益価格では２億円でした。ですから、弊社としては２億４００万円で買付証明を出したいです。

銀行の融資も収益価格くらいになると推測します。ただ、売値が２億２０００万円なので少し差があると思うのですが、弊社の提示価格が可能か売主さんに聞いていただくのは可能でしょうか？」

もしノーの場合、どれくらいの価格なら売主が対応してくれるか聞いてみます。全く指値が通らないなら見送りですが、脈があるようなら粘り強く当たってみましょう。このあたりの交渉はケース・バイ・ケースです。

◆買付証明書は融資特約の確認が大切！

採算に合う物件を見つけ、購入に向けて銀行に融資査定を依頼しますが、まず銀行に打診する前に、その物件を扱う不動産業者に買付証明書を出すかどうかを検討する必要があります。買付証明には、融資特約の有無の確認が大切です。

「融資特約有」とは、もし希望する金額の融資が下りなければ、購入をそのまま無条件でやめられるシステムです。

一方、「融資特約無し」とは、購入をやめるときには違約金を支払わなければなりません。違約金は物件価格の10％です（契約書要確認）。

その業者から買付証明書のひな型をもらい、必要事項を記入します。記入の仕方は業者さんに教えてもらいましょう。

同時に銀行提出資料の送付も依頼します。必要書類一覧は**【ステップ7】最適な銀行融資を受ける**にあります。

買付証明書を記入したら、必ず誰かとチェックします。チェックできれば記入済みの買付証明書を業者さんに出します。

ステップ７　最適な銀行融資を受ける

続いては最適な銀行融資を受けるための準備です。銀行に提出する書類は次のとおりです。これらを業者さんに用意してもらいましょう。

【銀行提出書類】
- 物件概要書
- 地図
- レントロール
- 公課証明書
- 謄本（土地・建物）
- 公図
- 測量図
- 検査済証
- 建物図面

など

◆高い確率で融資を引く

高い確率で融資を引くために大切な要因は二つあります。一つ目は、銀行と常に良い関係性を保つことです。このためには以下の点が求められます。

- 担当者の負担をできるだけ減らすために望む提出方法を整理する
- 提出資料に不備がないように確認する
- レスポンスを早くし、正直に答える
- 担当者と支店長を味方にする

二つ目は、その銀行の得意な物件を整理し、時期も踏まえることです。具体的には以下のポイントがあります。

- 得意な物件がわかるように表をつくり一覧にする
- 四半期ごとにノルマがあるので、その支店や担当者の状況を常に聞く
- 物件のＰＲポイントを整理し、担当者が稟議にかけやすいようにする

金利、対象エリア、強制競売物件を扱えるか、融資期間が耐用年数を超えられるか、積算を見るのか、それとも収益還元のみ見るのか、解約時にペナルティがあるかなどをまとめます。銀行ごとに表を作成し、「この物件はA銀行、B銀行、C銀行に聞いてみようかな」と考えます。その経過を書いていくと、融資が通る銀行が1～2行出てくるというイメー

ジです。

◆融資開拓は紹介が王道、飛び込みはＮＧ！

よく「飛び込みで数行も行きましたが、すべて失敗でした」といった話を聞きますが、そもそも飛び込みはオススメできません。

可能性が高いのは、やはり紹介です。自分と同等もしくは自分よりも少し大きい規模の人に紹介してもらえるのが理想です。属性が大きく違うと、紹介した人の信用が下がりかねません。せっかく紹介してもらっても、むしろ迷惑をかける可能性があるので注意しましょう。

次項からは効果的な銀行紹介の方法について具体的に記載します。

私が紹介する場合、まずはご自身の**属性シート**を作成してもらいます。そして、紹介してほしいという銀行に、たとえば私の生徒さんが５人いたら、５人の属性シートを先に見てもらい、「お付き合いいただけそうな方だけ選んでください」と言います。そして、可能性がある人のみ、きちんとした資料を送ってもらっています。

用意する資料は以下のとおりです。

・会社の決算書と個人の確定申告　3期分
・所有物件のすべての資料
・会社概要、会社略歴、個人経歴

①　紹介を受けるための資料を作る

ある程度の規模になると、数百ページくらいの資料になります。

これをいつもまとめており、最新版にアップデートしています。そして、きちんと紹介してもらえる段階になったらお渡しししています。

こうした資料はすべてそろえる必要があります。

物件資料には、所有物件の住所や構造、築年数といった情報だけでなく、積算の評価・当初の借入れ・利回り・残債・入居率。そして、今の残債で引き直したときの表面利回りなども入れています。

こうした一覧表は作成に手間がかかりますが、一度作っておけば、あとは更新するだけなので楽です。

●属性シート

○ 会社概要
①会社名
②代表者名
③住所
④電話番号

○ 会社略歴
①設立年月日
②資産
③現預金
④借入れの有無（融資先）金額
⑤所有物件情報

○ 個人経歴
①名前
②生年月日
③住所
④電話番号（直接連絡のつく番号）
⑤個人資産
⑥個人借入れの有無（融資先）金額

○ 口座開設の目的（具体的に）
物件融資のため
その他　１　保証協会
　　　　２　運転資金
　　　　３　貯蓄

② 紹介してもらって挨拶に行くこと

自分と近い属性の人や、自分よりも少し大きい規模の人に紹介してもらいやすいように、まとめた資料を紹介者に事前に確認してもらってください。

身近にそうした先輩投資家やメンターがいない場合は、投資家コミュニティに参加して銀行紹介を受けるのが早道です。銀行開拓は欲しい物件が出てくる前にそういう人たちに紹介してもらいましょう。

③ 自社の格付けランクと相談に乗ってくれる銀行を知っておく

物件にあった銀行を決めて、その物件ごとに相談をします。具体的には以下のとおりです。

- ・都心の中古物件は、都銀と一部地銀
- ・地方の中古物件は、地銀と一部信金と信組
- ・再生物件は、信金・信組・ノンバンク
- ・再建築不可の再生物件は、ノンバンク・日本政策金融公庫

ちなみに、私はこのすべての金融機関とつき合いがあります。

ただ一般的には、すべてとつき合いがある人は少ないと思われます。再生系の人はノンバンクや公庫と仲が良かったりしますし、中古物件を主に買っている人は地元の信金や地銀と懇意にしています。大きい物件や全国規模で持っている、かつ高属性系の人は都銀と一部地銀が多いです。

このように物件に合った、あるいは自分自身の属性に合った金融機関もあるため、その両方が合っているのが大切です。ですから、それを先に見つけておくのが非常に重要です。

また、市況にも左右されます。融資が出やすい時期と出にくい時期があるので、リアルタイムの情報を得ていないと意味がありません。

生きた情報を得るためには、やはりコミュニティに参加するのが望ましいです。そこで自分よりもワンランク上の大家さんを見つけ、ベンチマークするのがオススメです。

④ 将来を見据えた口座開設

ここまできたら、いよいよ口座開設です。

なお口座開設から始めるのではなく、今ならコロナ禍という状況なので保証協会融資の利用でも良いでしょう。何かしらの理由でつながっておくことが大切です。

その際は、何のためにその銀行とつき合いたいのかを整理します。貯蓄であれば問題なく会ってもらえます。そして、「将来的に物件の融資もしてほしい」という流れでも良いです。いきなり「貸してください」と言う必要はありません。

資金に余裕があれば、預金を無理のない程度にしておくことも大切です。

⑤ 担当者と物件査定をすり合わせ、今後の方針を決める

銀行に相談する際は、まず電話で以下の内容を確認してください。

ここではやりとりの一例を紹介します。


【不在の場合】

「お世話になっております○○です。融資課の○○さん（担当者）はいらっしゃいますか」

「○○は現在外出中でございます」

「連絡を取りたいのですが、どうさせていただいたら宜しいでしょうか？」

↓相手の指示に従う

【在室の場合】

↓代わってもらう

「お世話になっております、〇〇です。今回は物件の査定依頼でお電話いたしました。物件の内容ですが、住所が～～、建物構造が〇〇造、築年数が〇〇年、満室想定利回りが〇〇%、価格が〇〇万円です。こちらの資料を送付して宜しいでしょうか。また保証協会付けでもいけますでしょうか？」（保証協会付けはケースバイケース）

↓お断りされたら、理由を聞く（融資エリア外という理由が多い）、「またよろしくお願いします」で終了。

↓「送ってください」と言われたら、査定の回答日を聞きメモする。

聞けたら礼を述べて終了。送付はメールかＦＡＸかを相手に聞く。

送付資料は以下のとおりです。必要書類が足りなければ、物件を扱う不動産業者に確認しましょう。

- ・物件概要書、地図、レントロール、公課証明書
- ・謄本（土地・建物）、公図、測量図
- ・検査済証、建物図面、修繕履歴など

⑥—A 再生物件もしくは融資が付かない場合は保証協会、公庫、自己資金などで検討する

基本的に融資が付きにくい再生物件、または中古物件でも何らかの事情で融資が付かない場合は、保証協会・日本政策金融公庫を検討しましょう。

【保証協会】

保証協会（正式には信用保証協会）とは、中小企業者や小規模事業者、新しく企業を立ち上げる人の公的な保証人となり、事業資金の借入れが円滑に行えるよう支援する公的機関です。47都道府県と4市（横浜市、川崎市、名古屋市、岐阜市）にあり、各地域に密着した業務を行っています。

金融機関から事業資金を調達する際、信用保証協会は「信用保証」を通じて、資金調達をサポートします。具体的には、金融機関に「保証協会を付けてください」と伝えることで検討可能となります。つまり金融機関を通しての間接的なかかわりになるわけです。

なお、保証協会が物件購入費を出すことはあまり知られていません。大阪には「CSジョイント」というパッケージ商品がありますが、全国的には有名ではありません。こちらは

関西のみの制度で、耐用年数を緩和して最長30年間期間を延ばせる非常にありがたい制度です。

金融機関からしても、国が代わりに保証してくれる制度はありがたい存在です。というのも銀行員は融資を組むことと債券の回収がメインの仕事であり、万が一、回収できなくなったときに、そのときの担当者とそのときの支店長が責任を負います。

しかし、保証協会付の融資であれば7割カバーしてもらえるため、「焦げ付きにくい案件」となるのです。

【日本政策金融公庫】

日本政策金融公庫は１００％政府出資の金融機関で、中小企業が主に融資の対象です。銀行よりもハードルは低いです。

かつては若者・女性・シニア向けの制度融資に該当すれば、融資期間が20年延びましたが今は頑張っても15年です。

なお、公庫も支店と担当者によって融資の受けやすさは大きく異なります。「公庫はボロ物件に対して融資を出してくれる」といろいろな本で書かれていますが、そんなことはありません。担当者によってはまったく融資をする気がない姿勢の人もいます。

逆に数は少ないですが、非常に積極的に融資をしてくれる人もいますので、特にボロ物件に投資をするなら「○○支店の○○さんが良い」という情報を得るのが重要です。

また公庫の担当支店は、基本的に居住地・会社の所在地で決められています。たまたま振り分けられた支店の担当者が積極的なのか否かはわかりません。もしダメな担当者が付いてしまったら動きが取れなくなってしまいます。

これが紹介であればある程度の融通は利くので、公庫を使う際には事前にしっかり情報収集をしましょう。

⑥―B　融資が付く場合、進めてもらいながら銀行や不動産業者と状況のすり合わせをする

回答予定日が来たら連絡を取り、査定を確認します。

確認事項は「融資額」「貸出金利」「貸出年数」の三つです。

なお、金融機関には3種類の査定があります。

①簡易査定→担当者の査定で、長くて１週間ほどでの回答
②支店審査→その名のとおり支店での査定で、１～２週間での回答
③本部審査→金融機関本部の融資審査部の審査で、回答には１カ月程度かかる

最近、本部審査がずるずる長引き、融資額を大きく下げられたりゼロ回答になったりするケースが増えています。

たとえば銀行同士が合併した場合、片方の銀行からは「弊行は出したいので、どんどんいけます」とのことでしたが、積極的な支店がまったく出なくなったという話も聞きました。

また、信金によっては「今まではある程度なら支店内でジャッジできたのですが、すべて本部に上げなければならなくなりました」と言われた人もいます。こうしたケースは、ここ２～３年で大きく変わった印象があります。

他にも関東の某銀行の場合は、不祥事があるたびに融資が厳しくなります。時と共に審査基準が変わるのは当たり前ではありますが、それまで東京の高属性のサラリーマン投資家にとって使いやすい銀行だったのに厳しい状況になりました。

また、怪しい不動産会社が入ってきたらしく、「財閥系しか受け付けない」「創業○年以上でないとＮＧ」などと業者に対しても厳しくなっており、もはや「もう貸す気が全くない」と思ってしまう状況です。

おそらく、かきあげ（二重売買契約）がばれて一部出入り禁止になったのかもしれません。

最近、某都市銀行がよく言うのが「コベナンツ料」です。手数料を別に1～2％取るというもので、これはもう当たり前になっています。

これまではフルローン、オーバーローンでも組んでくれたのに、今では1割自己負担になり、その上、普通の手数料以外にコベナンツ料で融資額の1～2％かかるわけです。先日、約2億円の物件を買った人は、コベナンツ料400万円ほど取られていました。

銀行としても、昔は金利収入で経営ができていましたが、現在はそれができないくらい金利が下がっています。それでも変わらず競争が激しいので、最初に手数料という形でお金を取るようになりました。他の都市銀行もコベナンツ料を取ると言っていました。

融資期間が20年だったら、最初にコベナンツ料で2％取ったら、慣らして0・01％です。すぐに売ってはいけない決まりになっているので、普通に金利を上げるよりも手数料で先に儲けようという考え方に変わってきているわけです。

他にも最近、紙の通帳でお金を取ろうとしたり、口座維持手数料を取ろうとしたり、銀行は何かしらの手数料を得ようという傾向にあります。

◆融資とリサーチから最終指値を通す方法「2段階指値」

ある程度回答をもらえたら、次は2段階指値を行います。

「2段階指値」とは金融機関の本部審査での回答金額で、もう一度指値をする方法です。リサーチで出した金額で指値することを「最初の指値」とします。

たとえば売値が1億5000万円で、指値額は1億2000万円だとします。そして融資特約有りで1億2000万円の買付証明書を不動産業者に提出します。

しかし、金融機関の本部審査で出た融資額が1億円だったとすると、その1億円で指値します。これが「2段階指値」です。

もし1億円で決まったとすると、売値からおよそ3割引で購入できたことになり、今後の運営がしやすくなります。

今は1割負担が当たり前になっていますが、フルローンが通ったときは「こちらはプラス1000万円を出すので、弊社で決めていただけませんか？」という指値の仕方です。

売主にしても、「どの買主に出しても1億5000万円で出して融資が1億円しか付かないのなら、1億1000万円出してくれるあなたに売るほうがいい」となるわけです。

しかし、銀行は反応が異なります。「1億1000万円になったら融資額は9000万円に下げます」と言う銀行もあれば、「そのまま行けるのなら、そのまま出します」と言う銀行もあります。

◆下手な鉄砲を数撃っても当たらない

最後に金融機関にしてはいけないことをお伝えします。よく「当て物件を持って銀行開拓すべき」とアドバイスする人がいます。いろいろな本でも大家の会でも言われていますが、銀行に迷惑をかけるだけです。

下手な当て物件を使うよりも、まず「弊社が土俵に乗りますか？」とオファーしてＯＫをもらったら、「どんな物件がいいのですか？」と確認するのが順当です。

ご存じない方のために「当て物件」を説明すれば、「融資の感触を得るために銀行へ持ち込むダミー物件」のこと。「（人気があって）買える可能性が低い物件情報を、融資の感触を得るために銀行へ持ち込む」というケースもあります。

「何もわからないから、とりあえず当ててみよう」と考えるのは軽率すぎます。当て物件は、下手をすれば銀行から「よくわからない属性の人がいきなり物件を持ってきて買うと言うけれど、絶対に買わないだろうな」という悪い印象を抱かれる可能性があります。悪い意味で顔を覚えられてしまいます。

特に紹介された金融機関にそれをすると、結果として紹介者の顔までつぶす行為になりかねませんので、気をつけてください。

先日、知人が某地銀の担当者から「今回の案件で三つ目ですよね。三つ以上でＮＧと上から釘を刺されています」と断られた人もいました。つまり、見知った間柄であっても、物件をむやみに当ててはいけないということです。

ですから、何となく当て物件を当てるのは止めるべきです。

そもそも当てたところで、物件以前にその人が土俵に乗るかどうかはわかりません。特に地銀・信金の場合は営業エリアがあるため、居住地や会社の所在地が該当しないケースもあります。

また市況も異なるので「昨年は現役サラリーマンに融資したが、今年はしない」という可能性もあります。そうしたことを事前に確認して、すべてクリアして初めて物件情報を持ち込むわけです。

理想的なのはきちんとした資料を提出し、会社の査定をしてもらったうえで、「うちが融資しやすいのはこういう物件ですよ」と条件を教えてもらい、それに合った物件を出して1回で融資付けすることです。つまり「当て物件」ではなくて「本気の物件」です。

融資をずっと付けている人たちは、銀行に対しても配慮しています。先方を立てて、楽に査定してもらえる状態をつくることを心がけなくてはなりません。

たとえ無駄な当て物件でも、すべて評価を出さなければなりませんし、外部審査も必要なので費用もかかります。1件20万円、30万円程度の実費がかかっているといわれています。それがすべて外ればかりだったら担当者のモチベーションも下がります。

多くの人は、「融資はあまり通らないから当たって砕けろ」と考えていますが、銀行としては当たって砕けられたら非常に迷惑なのです。

それよりも当たるボールを1回で投げてほしいと望んでいます。勘違いしている人が多いですが、これは銀行と良好な関係を築くうえで必須の知識なので、必ず覚えておいてください。

不動産業者・金融機関は、
大切なパートナーだと
認識しよう！

第　4　章

押さえておきたい
契約・決済のフロー

安心して契約日を迎えるための準備

第４章では購入時に知っておきたい「フロー」と題して、売買契約と決済の流れを紹介します。まずスムーズな契約を行うための準備からお伝えします。

◆入出金の整理

売買契約ではたくさんの支払いがあります。どれだけの支払いがあるのか、また、その明細を確認しましょう。

・仲介手数料

建物の消費税が含まれた仲介手数料なのか、それとも消費税を省いた仲介手数料になっているのかを確認します（売主が課税業者であるか否かで変わります）。

・手付金 売買代金

手付金は売買代金の10％までとされていますが、物件価格が上がると負担が大きくなるため、手付金割合を減らし５％もしくはそれ以下になる場合もあります。売主と交渉しましょう。

残代金は決済時に支払いますが、その際に家賃の日割りや固都税の分担金などいろいろな清算金が発生するので、事前にチェックすることが大切です。

・**税金関係**

固都税（固定資産税・都市計画税）の年度がまたがる場合に前年度分なのか、それとも今年度分なのか、どちらの評価を使うかで土地建物按分が変わり、仲介手数料も変わります。取得税を先に見越して現金を置いておかないと、半年後など忘れたころに大きければ数百万円程度の支払いが来ます。

・**登記関係**

司法書士によって手数料が異なるため、最初は相見積り（あいみつ）を取ることをオススメします。

・工事関係
空室リフォーム代・外壁・設備関係の不具合を先に見積り、どう精算するかが大切です。

・管理関係
募集力が強く管理も行き届いている管理会社を、契約から決済の間に見つけることが肝になります。

◆スケジュール管理

契約時期・決済時期・登記・管理や募集の引継ぎ・工事の時期などを整理することが大切です。

契約後から決済までの期間をおおむね1カ月とします。前半2週間で管理会社の決定をします。そして後半2週間で管理の引継ぎと並行して決済の準備を行うことで、決済後の物件の運営がスムーズに進みます。

この部分をおろそかにすると決済後のメンテナンスが行き届かず、クレームが出たり必要以上に費用が発生する可能性もあります。また、入金管理や募集の引継ぎに問題が発生して、資金運営的にも損をしてしまうことがあります。

◆契約前の準備

契約日を迎える前に、契約書・特約の中身をよく理解することは非常に重要です。次の手順にしたがって準備を行い、契約書や特約事項など双方にとってトラブルの可能性のある項目をすべて解決しておきましょう。

【手順】

①インデックスファイル作成（資料の整理）
②重要事項説明書と売買契約書の確認
③清算明細書と支払明細書を準備
④当日用意する現金の確認（手付金・印紙代など）

それぞれ詳しく見ていきましょう。

① インデックスファイルを作成する

売買契約前後には仲介業者から多くの資料が送られてきます。書式も異なる資料がバラバラに届くと、紛失したり見落としたりしがちです。そうならないためにも、これらをファイルにまとめて整理しておきましょう。

私は名刺ファイル付きのインデックスファイルにまとめています。

インデックスファイルは、下から名刺ファイル・図面関係、公図・測量図、購入前謄本、上下水道の資料、納税通知、支払明細・固定資産税按分、公課証明書。司法書士、売買価格による按分計算、自動エクセルシート、売契（売買契約書）、告知書、調査報告書、重説（重要事項説明書）、謄本です。

新しい謄本を入れるところで権利書、不動産取得税、仲介手数料、決済のご案内、銀行管理手数料という順番で入れると一つのファイルが完成します。一番上にそれらの項目を一覧にした目次を入れると、資料の抜けがないか確認できます。

これらがすべて入った段階で完成となります。インデックスファイルは購入時に作成するものですが、売却時にも役に立ちます。物件ごとにファイリングしておくと、物件を複数取得していく段階で所有・売却時に大きく役立ちます。

② 重要事項説明書と売買契約書の確認

一般的に、重要事項説明と売買契約と手付金は同時に履行されるものと思われがちですが、本来は仲介業者が重要事項説明を先に行い、売主と買主の双方が納得いく内容になった後で、売買契約と手付金が同時に履行されるものです。

不動産の売買は高額になるためトラブルも多く、それを回避するためには事前に重要事項を説明するという義務が法律化されています。ですから先に重要事項説明案と契約書案をもらい、よく読むことが大切になります。

特に手付・手付解除のパーセンテージなど金額が記載されている部分すべて、テンプレートの条項から斜線で消されている部分(買主不利なものが多い)、特約(契約内容が全てひっくり返る内容があります)をよく確認してください。

重要事項説明の説明を受けたあとで売買契約を結び、同時に手付金を支払います。

ひと通り読み込んだら、業者さんに内容を確認してもらってください。

その際に「あまりわかっていないのでしっかり説明をお願いします」と伝えましょう。売契を読んでいない人が多くいるからです。読み込んで理解しておくことは重要なので、最初は面倒に思われてもお願いしてください。３～４回読むとポイントがわかってきます。

③ 清算明細書と支払明細書を準備

ここからは清算明細書と支払明細書の説明です。

特に物件売買では多数の入出金が発生します。仲介手数料、登記費用、火災保険、印紙代、金融機関の手数料、不動産取得税、固都税、それから賃料の日割り計算、入居者から預かっている敷金礼金、リフォーム工事代などです。

物件の代金と諸費用に関しては、それぞれ支払いのタイミングが異なります。いつ支払いが発生するのかを教えてもらうわけですが、仲介業者の資料や銀行の資料はバラバラに出てくるため非常にわかりにくいです。事前にまとめておき、時系列でいつ必要になるのかを整理することが大切です。

そのため**清算明細書**と**支払明細書**を作成しておきましょう。

清算明細書とは、物件購入の際にかかるすべての費用をまとめたものです。

支払明細書とは、すべての費用を時系列に沿って整理したもので、これもかなり重要な項目です。

どんな支払いがいつ・いくら必要になるのか、これを知ることは非常に大切です。規模を拡大し続ける人は手元のキャッシュが薄くなりがちですし、再生系でもそれなりのお金は出ていきます。

たとえ高属性でお金に余裕があっても、これを整理しておかないと物件にいくらかかったのかわからなくなります。

いつ・何の支払いがあるのかを把握することが大切です。契約と同時並行で、ほかの諸経費の見積りなども取っていきましょう。

そしてもう一度、全部が記入されたものを業者さんとすり合わせてください。どれだけ時間がかかっても納得できるまですり合わせましょう。

④ 当日用意する現金の確認（手付金・印紙代）

契約時にかかる費用は、次のとおりです。

・**手付金**

物件価格が大きくなると、手付金の額も大きくなります。

支払方法は現金か振込かどうか、振込の際の振込手数料はどちらが負担するのかを確認

●清算明細書

清算明細書			
A.売買代金			
A-① 支払済契約手付金	¥	0	✓
A-② 残代金	¥	0	✓
	¥		
	合計	**¥0**	
B.諸経費			
B-① 融資手数料	¥	—	✓
B-② 担保調査手数料	¥	—	✓
B-③ 印紙代	¥	0	✓
B-④ 司法書士	¥	0	✓
B-⑤ 火災保険	¥	0	✓
B-⑥ 賠償保険	¥	0	✓
B-⑦ 令和3年度固定資産税	¥	0	✓
B-⑧ 取得税（概算）	¥	0	✓
B-⑨ 仲介手数料	¥	0	✓
	合計	**¥0**	
	AとBの合計	**¥0**	
C.清算金			
C-① ①家賃5月日割り分	¥	0	✓
C-② ②家賃6月分	¥	0	✓
③	¥		
④	¥		
	合計	**0**	
	AとBの合計からCを引いた合計	**¥0**	
D.その他			
D-① ①			
②			
③			
	合計	**0**	
	AとBとDの合計	**0**	
買主が必要となる総合計金額	**合計￥**	**0**	

●支払明細書

支払い明細書			手数料	支払方法	領収証	発行元
契約時						
A-① 支払済契約手付金	¥	0 ¥		振込	受領	売主
B-③ 売買契約書に貼付する印紙代	¥	0 ¥		現金	受領	購入窓口
（買主負担金）	¥	¥				
合計	¥	0				
決済時						
A-② 残代金	¥	0 ¥		振込	受領	売主
B-④ 司法書士	¥	0 ¥		現金	受領	司法書士
B-⑦ 令和3年度固定資産税	¥	0 ¥		振込	受領	売主
B-⑨ 仲介手数料	¥	0 ¥		振込	受領	仲介
買主受取金						
C-① ①家賃5月日割り分	¥	0 ¥		相殺	発行	買主
C-② ②家賃6月分、1F33万+2F6/6より日割り計算	¥	0 ¥		相殺	発行	買主
当日の売主への総額	¥	0 ¥				
(残代金+固都税の分担金-家賃5月・6月日割り分)	¥	0 ¥				
合計	¥	0				
その後						
B-⑤ ①火災保険料	¥	0 ¥		振込	受領	代理店
B-⑥ ⑧建物賠償責任保険	¥	0 ¥		振込	受領	代理店
B-⑧ ②不動産取得税（概算）	¥	0 ¥				
	¥			振込	受領	代理店
	¥					
合計	¥	0				
支払い総合計金額	合計 ¥	0				

決済日の持ち物

①会社ゴム印・銀行印・実印
②代表者身分証明書
③賃料の清算書印紙
④通帳とカードの確認※通帳番号Wチェック

しておきましょう。

また、銀行振込の場合は契約時特約に記載されている場合、売主が印紙代を節約していることもあります。なお、印紙代や振込手数料に関しては、知らない間にすべてこちらが負担になっていたりするケースもあります。

しかし、日本の法律で「同時履行の原則」があるため、その場で現金で渡すのが本来のかたちです。振込を相手が希望するなら、振込手数料は負担してもらうのが自然な流れです。売主以外の費用（登記・銀行・仲介手数料・振込手数料）はすべて「振り込んでください」とお願いした側が払うのが本来の姿です。

・売買契約書に貼付する印紙代

印紙代は買主・売主で折半となります。仲介業者に金額の確認をしましょう。どちらかをコピーにして、印紙代を半額にする節税方法もあります。こちらも領収書を必ず受け取るようにしましょう。

その他、現金の支払いはあるかを事前に仲介会社に確認することが大切です。最近は金融機関での高額の現金引き出しが難しくなってきているため注意しましょう。

スムーズな決済に大切なこと

スムーズな決済において大切なことは、以下のとおりです。

◆お金・持ち物・時間を絶対に間違えない

当日は、お金や印鑑・ゴム印・入出金伝票・印紙・本人証明書など多くの持参品があり、一つでも忘れることで決済が止まってしまいます。私自身、かつて免許を忘れて取りに帰った経験があります。とにかく忘れ物に十分に注意してください。

また、納得のいかない内容は決済までに必ず解決しておきましょう。

もしその場で納得のいかない内容が浮上した場合は、そのまま決済するのではなく延期する覚悟を持ってください。しかし関係者に多大な迷惑をかけることになるので、用意周到がとても大切になります。

たとえば、「清算金はあとでお支払いします」「工事をあとでやります」など「お約束します」とよく言われますが、私の経験上後回しにすると後々のトラブルになるケースが非常に多いです。

仲介業者は決済時に仲介料を受け取るところまでが仕事と考える人が多いので「やります」と言うのですが、実際はそのあと次の仕事を優先して先延ばしされることも多々あります。特に金額が大きくなると怖いので、決済までに必ず解決しましょう。

どうしても決済までに解決できない場合は、「清算してください」と必ず言ってください。たとえば、「工事が間に合わないんですね。では、その工事をうちでやるので、その分引いてください」と伝えて決済までに解決しておくわけです。

これが決済できないと仲介業者にとっても売主にとっても非常に困ります。

とはいえ、決済が終わったら関係ないという考え方の人も多いです。決済まではこちらの立場が強いので、その間に対処することがベストです。決済の3日前に「どうしても間に合わないから、必ず1週間先までに工事をします。約束するので決済してください」と言われたら、「ダメです。決済しません。その分、工事代の〇〇万円を引いてください」と答えます。

前述したようにスムーズな決済を実現するためには用意周到がとても大切です。

◆用意周到がとても大切（しっかり準備できていれば、本人不在でも決済できる）

それでは事前に、実際に決済をしている体でシミュレーションをしてみましょう。シミュレーションをすることで当日の記入ミスや不安点をあぶり出せます。

私も、「資料をそろえた、カバンに入れた、車のキーはある、決済場所の駐車場の確認」など必ずしています。このとき理想は二人以上でシミュレーションをすることです。シミュレーションですべてを整えられたら、極端に言うと当日は本人が不在でも決済可能です。実際、遠隔地決済や海外出張中では、本人不在でスタッフに任せて決済をすることもあります。

大半の人は「絶対に本人は行くべきだ！」と思い込んでいますが、必要なものをすべてそろえておけば、当日に行って確認する必要はありません。実際区分マンションなどでは、契約・決済に立ち会わない売主も結構います。

実印については、銀行員や司法書士に事前に来てもらい捺印しています。そもそも実印は大手の会社でも紛失すると困るので、持ち出さないのが基本です。そのため、「実印は持ち出し禁止なんです」と断っておけば、銀行も資料を持って来てくれたり郵送で対応できたりします。

【手順】

① ２週間前に支払明細書の準備
② ２週間前に持参リストの準備
③ 司法書士に銀行と擦り合わせを依頼
④ ③の内容を銀行と確認
⑤ 決済当日のシミュレーション（二人以上が望ましい）

決済では売主・仲介業者・司法書士に支払いがあるため、間違えないようにしてください。そして金員の授受があった場合は領収証をもらうようにしてください（振込伝票で対応でも可能）。

金額を間違える仲介業者もいますので、自分で間違いがわかるよう確認しておいてください。

① ２週間前に支払明細書の準備

決済までに確認すべき内容は、以下のとおりです。

１・残代金の確認

売買代金から手付金を引いたものを「残代金」といいます。

敷金や日割り賃料・固定資産税・都市計画税の分担金などを相殺し、金額が変更することがあるので、仲介業者に確認、内訳を提示してもらうようにしましょう。

２・仲介手数料の確認

基本的に、３％＋６万円が仲介手数料となります。

業者さんが計算をしてくれますが、金額に間違いがないか自分でも確認ができるようになりましょう。

仲介手数料を値切る人もいますが、それをすると業者さんは「この人は、最後に仲介料を値切ってくる人」という印象になり、いい物件が出ても紹介するのは後回しにしようと思われるのでオススメしません。

３・登記代（3社の相見積りから1社を決めて依頼する）

契約時から決済時の間に司法書士３社くらいへ見積りを取り、一番安いところに依頼をしましょう。その際、決済日を伝えてください。２〜３週間前に１社に決めていることが理想です。ただし仲の良い業者さんができれば相見積りの必要はありません。

4・金融機関の手数料

金融機関先の担当者へ、借り入れる際にかかる手数料を確認しましょう。たとえば融資事務手数料や調査手数料、コベナンツ料などです。これらは銀行と交渉可能ですので、鵜呑みにして払わないでください。

5・固定資産税、都市計画税の買主売主分担金

公課証明書を見ながら金額の確認をしていきます。決済日（日割り）での計算になるため、仲介業者へ金額の確認をとり、間違いがないか自分でも確認ができるようにしておきましょう。

6・賃料の日割り計算

現在の賃貸借契約では、家賃は前月振込が多い傾向にありますので、決済日翌月分の賃料はすでに売主に支払われている場合があります。決済後の賃料を日割り計算して清算する必要がありますので注意してください。

7・売主が入居者から預かっているお金（敷金・保証金など）

これらは残代金にて相殺する場合が多いので、金額の確認は仲介業者に依頼し、金額に間違いがないか自分で確認ができるようにしておきましょう。

預かり金に関して関東方式と関西方式があります。関東方式は売主が預かり金を買主に引き継いでもらえますが、関西方式では預かり金は売主のものとして清算されず、敷金などの返還義務のみが買主に引き継がれます。

レジデンスの場合は100万円や200万円の差はよくあり、店舗でも保証金を清算してくれないケースがあります。この場合は1000万円単位で変わることもあるので購入前によく注意しておきましょう。

②　2週間前に持参リストの準備

当日に必要なもののリストを決済日の2週間前までにもらいましょう。口頭ではなく、必ず書面でもらってください。追加で必要なものが出た場合でも必ず書面でお願いしてください。

③ 司法書士に銀行とすり合わせを依頼

1社に決めた司法書士に、支払内容を確認しましょう。「登記代は、現金か振込か」「振込手数料はそれぞれ誰が支払うのか」などです。

銀行から借入する際は、司法書士と銀行をつないでください。

またこの際に、取得税の概算も確認しておきましょう。

④ ③の内容を銀行と確認

入出金伝票の整理をし、可能であれば事前に書き込んでおいてください。

そのほか、ゴム印や実印、銀行印など書類によって押す印鑑も変わるので、間違えないよう先に済ませておくことが理想です。

銀行への支払いも事前に内容を確認しておきましょう。

信金なら、組合出資金（5～100万円）、物件調査費用（5～50万円）。事務手数料（20～300万円）などを求められる場合があります。最近では都銀や地銀でもコベナンツ料や手数料という形で100～2000万円程度の費用を求められることもあります。

⑤　決済当日のシミュレーション

事前に二人以上でシミュレーションする内容は、以下のとおりです。

・当日、持ち物をもって時間通りに出発。車なら駐車場の場所・決済銀行の場所を確認しましょう。

・決済銀行の応接室でのやりとりを想定します。

1　名刺交換
2　司法書士からの資料の整理
3　売買の決済
4　司法書士の決済
5　銀行の決済
6　仲介業者の決済

といった内容を、二人以上で本番のように行ってみてください。

◆仲介手数料を払いすぎていませんか?

最後に諸費用についての注意事項です。わりとよくあるケースですが、仲介手数料を払いすぎていませんか?

勘違いしている人も多いのですが、「1億円の物件なら、仲介手数料は1億円の3%で300万円+6万円で合計306万円」だと思われています。

本来、本当の建物の額と土地の額を足したものが、相手が課税業者なら仲介手数料になります。

きちんと按分して、物件価格から消費税を引いた分をもとに計算すると、306万円ではなく20万円～50万円程度差がある場合があります。このように相手が課税業者の場合は、消費税を抜くのが正解です。

こうした事実を知らないため、仲介手数料を払いすぎているケースが多くあります。簡単にいうと、建物には消費税がかかって、消費税に仲介手数料がかかるのはおかしいという話です。物件価格が1億円、２億円になると、仲介手数料も３００万円、６００万円と変わり、消費税を抜いた差額も30万円、60万円と変わっていきます。

私の場合は、仲介手数料を私のオリジナルの仲介料計算シート（エクセルシート）を利用しています。

公課証明書から、土地の評価・建物の評価・売買代金を入力すると、両方合わせた総合計・土地の按分額・建物の按分額が出ます。そして建物の按分額から消費税を引いた、建物の額もわかりそこからの仲介手数料も自動的に計算してくれます。

皆さんも売買の際には計算し確認しましょう。

第　5　章

購入後、健全経営をして
インカムゲインを狙う

満室にできる管理会社の見つけ方

管理会社選びは、不動産投資の成功を左右する重要なファクターです。

ある程度の規模を持っている投資家にとって管理会社は大切なパートナーでありながら、実際のところ客付けや修繕（メンテナンス）などに不満を持っているケースが多いです。

この管理会社選びを失敗してしまうと、入居率が下がりコストもかかってしまいます。

では、物件を買ったときにどうやって良い管理会社を見つければいいのでしょうか。具体的に解説していきます。

◆満室にできる会社かどうかを見極める

次の三つを見極めましょう。

・募集時には、他社の申し込みも積極的に受け入れてくれるかどうか

自社だけの募集では周知が行き届きません。また、年数が経つにつれて慣れが出て、頑張って埋めてくれなくなる事態も起こります。

・こちらの要望を親身に聞いてくれる会社かどうか

特に地主ばかりを相手にしている管理会社の場合は、投資家の考え方が受け入れられず煙たがれることもしばしばあります。

・自分との相性が良いか

管理会社には「建物メンテナンスに強い」「客付けが強い」など、それぞれ特徴があります。投資家によっても、賃貸経営において重視するポイントは異なります。そのため、自分が何を大切に考えているのか整理しておきましょう。

たとえば、「エントランスをずっとキレイにしておいてほしい」「粗大ゴミ、不法投棄を気にしている」「誰でもいいから早く埋めてほしい」「トラブルの電話が嫌だから、すべて管理会社で対応してほしい」などです。

人それぞれ大切にしているものは違うので、その価値観を理解してくれる管理会社を選ぶのが重要です。

◆ずっと継続して満室にしてくれる仕組みを作ること

たとえば、退去連絡2カ月前、退去日が決定したら即立ち会い、同時に近隣仲介業者とともに募集するなどです。2カ月以上も空室の場合なら、近隣業者回りをすることでいつも競争原理が働き、素早く行動してくれる仕組みを作りましょう。

ここでは担当者や店長が代わっても動じない仕組みを作ることがポイントです。教科書どおりに何社もヒアリングして、口コミも聞いて管理会社を選んだのに、1年後に店長が辞めたら営業方針が変わってしまうことはしばしばあります。

◆リフォーム費用を安く抑えられること

原則、単価表と指示書を作りましょう。そして、3社相見積もり（あいみつ）は欠かさないようにします。なお、管理会社以外でも良いと考えます。競争原理が常に働いていないと、担当者レベルでどんどん悪くなっていくからです。

ただ、管理会社によってはダメだったり快く思わなかったりします。最初に大丈夫な会社を選ぶことが大事です。

管理会社を見つける手順

続いては、管理会社を見つける手順を解説します。

◆管理会社をネットで探す

少なくとも10社程度は業者回りをしましょう。回れるところはすべて回るという気持ちで臨んでください。

検索方法はＧｏｏｇｌｅマップで「〇〇市　賃貸」で業者を探します。リサーチのときと全く同じ検索方法です。

そして、現行の管理会社＋すべての業者に相見積りします。その際、「相見積りになりますが……」と必ず先に伝えましょう。

確認するポイントは以下のとおりです。

・募集の際は他社の客付けも可能か？

その際に申し込みは必ず管理会社を通すことを伝えましょう。

・他社客付けの場合は、広告料をすべて渡すかどうか

一般的には、広告料2カ月の場合、自社で1カ月、客付けをした会社に1カ月と分けるケースが多いです。できれば2カ月すべての広告料を渡す交渉をしましょう。

・入居率

「管理している部屋が何室で、入居率が何％か」を聞きます。ある程度の規模の管理をしながら、入居率が95％以上あれば安心です。80％程度だと少し不安があります。

・業務内容

これは見積りで出てくるのでしっかり確認しましょう。

管理料は安くても、清掃代が一部屋当たり5000円などロットが大きければ、すごい金額になるようなことがさらっと書いてあったりします。

それ以外にも、工事保証金やさまざまな項目で業務費用を増やす工夫がされていますので、細かなところまで確認し、自分で分離発注して安くなるものかどうか見極めるのが大切です。

・自分たちでもリフォームできるか

「その管理会社のリフォーム会社以外を使ってもいいか」ということです。

管理会社を通すと、見積りに諸経費が加算されます。手放しでやりたい方は管理会社に頼むのもいいですし、少しでもお金を残したい方は自分でリフォーム業者に依頼するのもいいと思います。

・現地に鍵を置くか

鍵の所在についてはよくトラブルになります。

管理会社に鍵を預けておくと、他の客付け会社は取りに行かなければならなくなるので、「面倒だからここはやめておこう」と物件紹介を後回しにされます。

なぜなら、せっかくお客さんが目の前にいて「今から内見（ないけん）に行きましょう！」と勢いづいているのに、わざわざお客さんを待たせて遠くの管理会社まで鍵を取りに行ったり、別の人に取りに行かせて合流したりするのは大変です。これは特に地方の管理会社で多い印象です。

投資家慣れしている管理会社であれば、必ず現地に鍵を置いていて、たくさんの客付会社に周知します。

ただ、どこの地域でも一定数は自社で抱え込みをして、なかなか埋めてくれない可能性があります。もし2カ月経っても埋まらないのなら周囲の客付け業者を回りましょう。

また鍵の問題などは、いたちごっこの側面もあります。「やります！」と言っていたのに、知らない間に戻っていたりするわけです。そこまでして自社で付けたい（他社には渡したくない）のにサボろうとします。

定期的に業務内容をチェックするよう心掛けましょう。

・管理料は3％前後の目線

管理料は一般的に5～3％の会社が多いです。相見積りを取り、交渉するのも良いでしょう。

◆業者選定

まず、管理費の比較をします。管理費の％と各メンテナンス費用を比較しましょう。それから値交渉（高い部分を下げてもらう交渉）もします。

そして、こちらの要望を親身に聞いてくれることや、自分にとって相性が良いことなどで業者選定をします。

たとえば、ある管理会社の評価が〇、×、〇となっていたら、「全体的にとても良いのですが、ここだけ他社がＯＫしてくれているので、御社も〇にできませんか？」とお願いします。これですべて〇の管理会社ができます。

これらの質問事項を聞き、最も柔軟に対応してくれそうな会社に決めます。

柔軟な対応は、やる気の表れと判断できます。

そして、現管理会社との引き継ぎとすり合わせ（内容チェック）は、次のとおりです。

- 引き落とし口座の確認
- 賃貸借契約書、鍵、建築図面の引き渡し

・修繕履歴の確認
・その他メンテナンス内容の確認

売主からもらった資料と旧管理会社からもらった資料をすべてそろえ、新管理会社とすり合わせします。買ったときの管理会社を変える場合は、入居者の引き継ぎなどがあるので、売契（売買契約）を結んだあと2週間以内に新管理会社の切り替えをしないとスムーズな決済ができなくなります。

ですから、すぐに現地へ行って相見積りを取り、決済の2週間前には管理会社を決めます。そして、その管理会社も決済の立ち合いに来てもらい、旧管理会社との書類もそのときにすべて終わらせましょう。

それでも実際は、振込口座を切り替えるのに15日くらいかかるケースが多いです。その場合は、売契が終わって決済の間に翌月分の賃料が旧管理会社に入ってしまうので、ずれ込む分は決済時に清算しておきましょう。

売契を結んで決済までに管理会社を変える場合は、新しい管理会社を早めに決めておくだけで非常にスムーズに進みます。そのためには売契を結んで決済までの間、引継ぎや準備をする内容をよく整理することが大切です。

◆募集店への営業活動

繁忙期には、カップ麺（どん兵衛的なもの）をケースで買って心付けしましょう。箱に募集表を貼るのがポイントです。

また、物件近隣の募集会社を管理会社と回りましょう。私の場合は購入した後と繁忙期には、近所の募集会社をすべて回ります。

空室が出ていなかったら年1回で、空室が出たら年２~３は回っています。すると担当者の顔を覚えることもできますし、たとえば大手アパートメーカーが新築で攻めてきたなど地元の状況がわかります。

空室があるときは、毎週電話とＦＡＸして物件を認知してもらいましょう。一覧表を作成して一斉送信すると効率が良いです。

リフォーム会社の選定方法

リフォーム業者を選ぶうえで大切なのは、良い業者さんとめぐり会うことです。「良心的である」「価格が安い」「安心して任せられる」はもちろん、きちんと意思疎通がとれ、長くつき合える関係性を築くことも大切です。さらに「互いにトラブルが少ない」「フットワークが軽い」「感謝し合える関係を築ける」も大切でしょう。

またリフォームで重視すべきは素早く仕上げること。さらに適正な価格であることです。そのためには修繕内容が的確であることを重要視します。具体的には「必要なニーズを把握し、過剰に工事をしない」「イレギュラーな工事は素早く相見積りを取る」の二つです。その際には、コストを他で補えるのかをチェックしましょう。たとえば入居者負担・火災保険・地震保険の活用・LPガス会社の活用を常に確認します。

◆リフォーム業者の探し方

続いて、業者の探し方を紹介しましょう。業者選定にはおおよそ1カ月かかるので、たとえ空室がなくても物件購入後すぐに取り掛かることが望ましいです。

まず、最初の2週間で業者さんを探します（後ほど詳細を解説します）。並行して工事指示書となる平面図、**単価表**を用意します（こちらも後ほど詳細を書きます）。

見つけた業者に用意した平面図と単価表を送付し、単価表を記入してもらいます。1週間ほどで返してもらうようにしましょう。

返ってきた単価表を比較し、明らかに単価が高い業者を削除し、3社程度に絞ります。

その3社の単価を比較し、最安値の単価に合わせてもらうように交渉しましょう（157ページにサンプルあり）。これを行ったうえでつき合うことにより、トラブルは相当減らせます。

「それはできません」と断られたら、その業者は外して2～3社に絞ります。実際に空室が出たとき、絞った業者さんと現地で相見積りを行うことができる体制となります。

できればつき合いのある物件近隣の仲介店から紹介してもらうのが望ましいです。

それが難しければネットで探してもOKです。また、市役所の建設業組合や商工会議所の建設業部会に聞いたり、ジモティで探す方法もあります。

1日に4社程度まとめて見積りを取るのがオススメです。

なお、建築業者は職人気質な方が多いので、付き合うのにテクニックが必要です。特に建設関係で遅刻するような人は、工期も守れない可能性が高く、避けたほうが賢明です。

ちなみに、以前私が勤めていた建設会社は、25年間で工期を破った物件が1件もありません。まさに「死んでもやり切る！」という姿勢です。実際、私も1週間現場に泊まり込みだった経験があります。

その点、安い業者は質が高いとは言えません。普通に約束したことも守れないような依頼すべきではありません。最終2~3社に絞るためには、この時点では少なくとも5社ほど見つけておくのが望ましいです。

◆指示書（平面図）と単価表の作成

建築図面から部屋の平面図をA4サイズでコピーします。「**指示書**」とは、その平面図に工事箇所を書き込んだもの。「**単価表**」は、工事箇所での単価を業者さんに書き込んでもらう表です（サンプルが156・157ページにあります）。

単価表の作成方法は、まずサイズの拾い出しをします。

たとえばクロスが6畳の場合、天井までの高さは「2・5メートル」などが一般的です。壁を一面貼り替えるなら、クロスの幅は90センチで、6畳の長手方向の長さは約3・6mのため4巻き必要になります。そして、4巻き×2・5メートルは10メートルです。これがクロスのメートル数の拾い出しになります。

このように数字を出しておくと、3社からの相見積りの数量をすべて統一できます。

建設業者のお金の儲け方は、表向きは経費だけになっていますが、実は二つあります。一つは、単価を上げることです。仕入れ単価よりも1・5倍、2倍、高いと3倍の価格を取ります。もう一つが数量を増やすことです。この二つで建設会社によって見積価格は大きく変わります。そうした実態から、業者ごとに作業項目が異なると数量の違う内容になるため、比較できない場合も多々あります。

しかし、もともと図面があり、施工する箇所が決まっていて、項目がそろい、平米数やメーター数を出していたら、金額を水増しすることはできません。またそれぞれの単価を単価表で出しておくことで、単価を水増しする心配がなくなります。

●指示書

住戸タイプ	C	棟番号	号棟	形式	2DK ( )人向	1:100

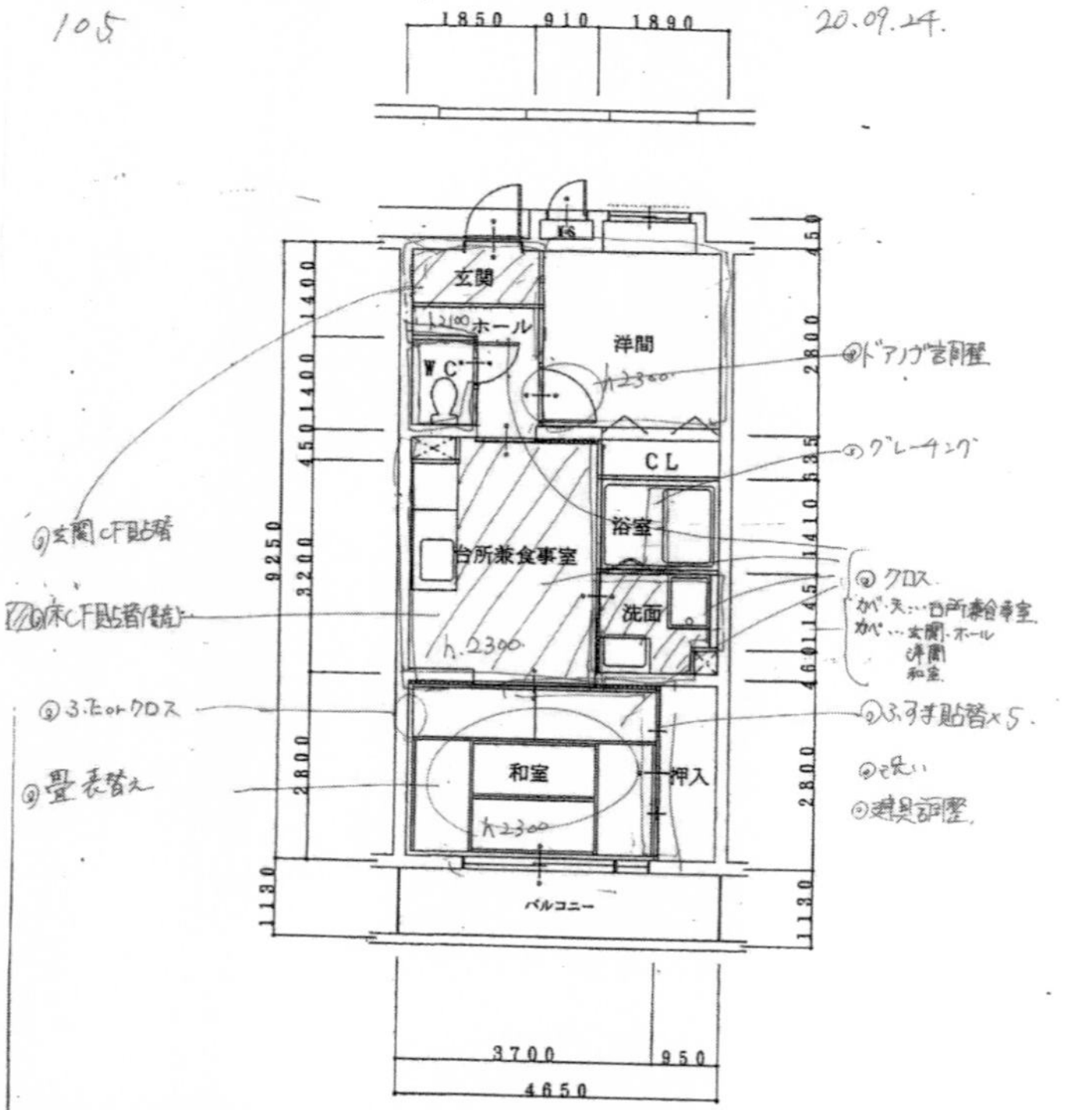

住戸面積			居室面積			戸数				
	住戸専用	43.01㎡		和室	10.36㎡		1種	戸	厚年	
	バルコニー	5.25㎡		洋室	7.56㎡		2種	戸	1種	
		㎡		台所・食事室	9.88㎡		改良	戸	合計	4 戸
		㎡			㎡	備考				
	合計	48.26㎡			㎡					

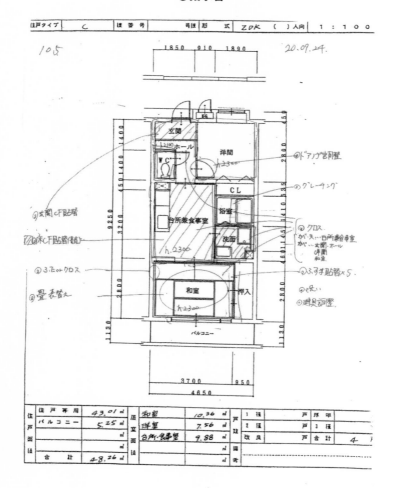

●単価表

工事内容		数量	単位	単価		金額	
内部塗装			m		円		円
外部塗装			m		円		円
洋室 CF貼替			㎡		円		円
和室畳表替え			枚		円		円
ユニットシャワー据え付け			箇所		円		円
給排水工事			箇所		円		円
エアコン工事（中古）			箇所		円		円
鍵交換			箇所		円		円
窓ガラス交換			箇所		円		円
美装					円		円
玄関・ホール	土間	1	㎡		円		円
	ドア枠塗装		式		円		円
	天井　クロス貼替	2.4	M		円		円
	壁　クロス貼替	13.5	M		円		円
	CF貼替	1	㎡		円		円
洋室（1）	天井　クロス貼替	10	M		円		円
	壁　クロス貼替	21	M		円		円
	ソフト巾木		枚		円		円
	CF貼替		㎡		円		円
キッチン	天井　クロス貼替	5	M		円		円
	壁　クロス貼替	12	M		円		円
	CF貼替	2.5	㎡		円		円
	換気扇交換		式		円		円
	蛇口シングルレバー交換		式		円		円
	コーキング		式		円		円
	パッキン交換		式		円		円
	手元灯交換		式		円		円
ダイニング	天井　クロス貼替	8.5	M		円		円
	壁　クロス貼替	13.5	M		円		円
	CF貼替	8.5	㎡		円		円

実際のリフォームの流れ

では、ここから実際のリフォームの流れを紹介します。

◆スケジューリング

まず、入居者退去予定日の2カ月前に管理会社から退去の連絡が入ります。

ちなみに弊社の場合ですと、入居時の契約に特約で退去予告を2カ月前と設定しているため、2カ月前に連絡が入ります。通常、退去予告は1カ月前なので、もしできるなら皆さんも2カ月前に設定することをオススメします。

続いて、リフォーム業者に現地確認の日程調整の電話をします。業者さんがかち合わないように調整しましょう。後ほど詳細があります。

当日に持参するものは以下のとおりです。

・カメラ（スマホでも可）
・部屋の鍵
・工事指示書にするための図面

そしてリフォーム業者と部屋をチェックし、工事箇所の写真を撮ります。

次に、工事箇所を図面に記入します。これが「指示書」となります。

なお、この段階ではリフォーム業者の担当者と一緒に平面図をチェックするのですが、管理会社も同席してもらい「これはやったほうがいいですね」「これはやめても大丈夫ですよ」と協議することがポイントです。これにより、管理会社が募集する際の必要な箇所がわかります。

チェックが終わったら見積りの作成を依頼します。見積りの目安は以下のとおりです。

・単身→３～５日
・ファミリー→７～10日

見積りが来たら内容をチェックして発注します。その際に完成予定日を聞いておきましょう。そして、部屋の募集業者に入居可能日を伝えます。

最後に完成チェック、つまり手直しが必要かどうかのチェックをします。もしあれば、すぐに対応してもらいましょう。

◆現地での相見積り

業者同士がかち合わないように時間調整します。

例）A社を10時～　B社を11時30分～　C社を12時30分～

たとえば、1社目を10時にする場合、1社目だけ1時間半くらい取ります。そして、1社目が行ったことを図面に落とし込み、それを2社目が来る前にコピーしておきます。2社目はそのコピーした指示書を使って中身を説明します。3社目はその1時間後に来てもらえば、3社分の相見積りができます。

各社の工事箇所をそろえることがポイントです。工事箇所をそろえれば適正に比較することができます。

同じ箇所を直して同じ単価表で出てくるので、本来なら同じ工事費になるわけですが、実際に同じになることはほぼありません。その場合、「ここがおかしい」と伝えれば直してくれます。これは最初に明確化しているからです。

このようにして、工事箇所をそろえた状態で見積りを依頼します。なお、リフォーム工事は住むのに支障のない程度に行ってください。

目安として目に付くところはキレイにし、前の入居者の生活感が感じられないようにすることです。足元や天井は目立たないため、多少の傷や汚れはいいですが、見える目線の上下1メートル幅は必ずキレイにしてください。

また、部屋を見るときに注意してほしいのは、「入居者負担となるべき箇所がないかどうか」です。

故意に破損させていたり、タバコで汚れていたりする箇所は入居者負担となります。もしあれば管理会社に報告し、入居者負担となっているか確認しましょう。

ただし、経年劣化のものは徴収できません。負担割合の指標となる国土交通省のガイドラインを参考にしてください。

◆見積りチェックと比較し、発注

3社の見積りを比較します。ここで最安値の業者と、どこまで値引きしてもらえるか交渉を行いましょう。交渉ができたら、その業者に発注します。

同じタイミングで、外した業者（仮にB・C社）にメールで良いので断りの連絡を入れてください。「今回は検討した結果、別の業者に依頼することになりましたが、次の機会はぜひお願いいたします」などと書けば良いでしょう。

業者からすれば、手間をかけてお金にならないのが一番嫌なので、「今回はダメだったけれど次はお願いします」というスタンスを見せることが必要です。また、メールだけでなく電話も入れたほうがより親切です。

最初は3社の相見積りですが、2回目以降は3社の相見積りと言いつつ、実際は1～2社でもいいのです。業者としては「この人は相見積りを取る人だ」とわかっているので、変な金額を提示してくることはまずないはずです。

◆仕上がりの確認

工事が仕上がったら、工事業者と募集業者（管理会社の仲介店）と一緒に完成チェックをします。このとき手直しがあればやってもらいます。なお、慣れてきたら募集業者にチェックを任せても問題ありません。これで入居者を迎える体制が整いました。

◆イレギュラーな工事

「換気扇が止まった」など、管理会社から連絡が入った場合、まずは管理会社に現場確認してもらい、入居者過失があるかどうかを見てもらいます。

中には、「壊れたから直しましょう」とだけ言ってくる管理会社もあります。どこが壊れているのかわからないとの返事だったので見に行ってもらうと、単に掃除していないだけだったこともあります。

ちなみに「業者に掃除を依頼した場合、その分の費用がかかります」と入居者に伝えておくと、入居者が自分で掃除してくれる可能性も高まります。入居者過失がなければ、不具合の原因を見てもらいます。過失ありの場合、入居者負担で対応します。

管理会社には、なかなか現場に行かないところもありますが、そこはマニュアルを作っておき、具体的には、入居者から連絡が入った際には、「先に現地で直接確認して、写真を撮り、その状況をオーナーに報告」と決めておきます。決めた内容は上司に渡して現場に徹底してもらえるようお願いしましょう。

基本的には、まずは管理会社が現地に行き、入居者の過失か否かを確認することが重要です。過失がない場合は、見積りと設備品の型番、写真を撮ってもらいます。それを元につき合いのあるリフォーム業者と相見積りを取ります。

◆他で補えるのかをチェック

設備での不具合などが発生した場合は、まず入居者過失の確認をして、次に火災保険が使える場合もあるので、保険会社に確認することも忘れないようにします。

また、地震が起こった際も地震保険が使える場合もありますし、プロパンガス会社が独自にサービスしてくれることもあります。たとえば「洗浄機付き便座を付けてくれる」や、関東なら「凍結してもガス会社が直してくれる」などです。サービス内容を確認して、切り替えも視野に入れても良いでしょう。

第　6　章

物件売却ノウハウ

売却のタイミングとは？　売却のための準備

売却で成功させるためには、世の中の動向を見極める必要があります。売ろうと思っている物件に融資が付くのか、人気があるのかを調べましょう。

そのためには所有している物件を査定してもらい、3カ月未満で実際にいくらで売却できるかの価格を調べてみてください。大手にお願いすれば、どこでも査定してくれます。

また、残債や簿価と比較して売却益が出るかどうかの確認が必要です。それから物件収支表を作り、所有している物件が「これまでいくら稼いでくれているか」というインカムゲインの整理もしておきましょう。

所有物件が数棟ある場合は、売却物件の優先順位を付けます。基準は入居付けのしにくさ・銀行の評価・手間のかかり度合い・残存耐用年数等を総合的に比較し、どの物件から売却すればいいのか、日ごろから整理をしておくのが大切です。

所有物件の整理についてはバランスシートの作成をオススメします。

内容は、物件名・所在地・構造・路線価・購入時期・残存耐用年数・積算評価・当初の

借入れ・借入銀行・元金均等か元利均等か・金利・借入残額・月返済・年返済・戸数・テナント・総数・駐車場・月満室賃料・今の年間満室賃料・返済比率・当初利回り・平均賃料・今の残債に対する利回り・入居率などを一覧にします。

これを作成しておけば、たくさん物件があっても管理できます。私の場合はすべてバランスシートにまとめています。

よく「売る時期はいつですか？」という質問を受けますが、しっかり利益の出る値段で売れるのならいつでも構いません。ただし、年３～５回も売却すると銀行からみると業者扱いになるため、注意が必要です。

今は価格が高いので売り時といえます。売ってもいい値段で出しておくことは大事です。銀行は事業者として見ており、売却で事業をプラスで完結できたとなれば、属性がかなり上がります。完済前であっても、事業として成り立っているので〇Ｋです。

ただ、融資を全額返済した場合、違約金（ペナルティ）が発生する金融機関もあるので確認しておきましょう。

売却のための資金管理

私の場合は1物件ごとに1通帳を作り資金繰り表にまとめています。これを作成することで、毎月の収支や年間の収支が把握できるようになります。年間の経費が出てきたら、1年間経過してどのくらいのお金が残っているかがわかります。

そうすると、たとえば私の場合なら今年は4000万円ほど残りますが、節税で約1000万円を何に使うか考えます。「車を買うべきか?」「自己資本比率が下がっているから、そのまま利益にして出そうか?」などと判断するわけです。

毎月月初に税理士が来たとき、私と一緒に資金繰り表を作成し、その後また税理士がそれに基づいて全部の物件の収支を作成します。

所有物件が3棟程度なら何とか把握できますが、感覚的に5棟以上になると、お金の流れがわからなくなります。しかし、これができていると数字がはっきり見えてきます。

私の経験上、20億円くらいの物件規模、売上が年間2~3億円レベルの人なら、私のような収支管理がオススメです。これによって資産の入れ替えができるようになりますし、利益も残せます。また、物件をどの時点で売ったらいいかもわかります。

ちなみに私は1棟目からこの収支管理をしています。だからこそ、止まることなく融資を受け続けられているのだと思います。

途中から作ろうとすれば、現状を把握するところから始めなくてはならないのでかなり大変です。税理士に有償で依頼し同じような内容のものを作成してもらうことはできます。

いずれにせよ、規模拡大を考えているのなら、こうした資金管理は必要になります。

売却のための業者選び

中古物件と再生物件では業者の選び方が異なります。

そもそもの考え方として、元付け業者（もとづけぎょうしゃ）になると「両手」で仲介手数料をもらえるので、とてもうれしいものです。したがって、良い物件情報をいくつも提供してくれている業者の中から選定しましょう。

なお、「元付業者」とは、売り主から直接、物件の売却依頼を受けている業者のことをいいます。

「両手・片手」とは、不動産仲介会社の仲介手数料の受け取り方を表す不動産業界の用語です。仲介手数料を、売主・買主の双方から受け取る場合が両手、どちらか片方のみから受け取る場合が片手です。

中古物件の場合は保有期間が長くなります。当時購入した仲介業者さんとのつき合いが続いていれば、その業者さんと売却を進めましょう。そうでない場合は、売るタイミングで一番良い情報を提供してくれる業者を選びましょう。

●業者の選び方

○中古･再生とも
基本的には購入した業者

○中古の場合は、
良い情報を提供してくれる業者

次に再生物件ですが、これは購入してから売却するまでの期間が短いので、できれば購入の際の仲介業者に売り戻してあげるのがとても喜ばれます。

業者からすれば最初に仲介料をもらい、その後は売却時にも仲介料をもらえることになり、とても喜ばれます。そうすると、良い物件が来たときは先に情報がもらいやすい関係を作ることができます。

高く売るためのコツ

高く売るためのコツは、「競争原理を働かす」と「業者との信頼関係を保つ」の二つです。私の場合は一般媒介契約で、最初は信頼できる3社の業者に2週間から1カ月の期間でお願いします。そこで業者同士が競争してくれます。この際に、物件を購入した業者に依頼すると非常に喜ばれます。

次に、信頼できる業者を5社程度加えて、もう1カ月お願いするようにしています。そのときは期限を切らないとほったらかしになることもあるので注意しましょう。

業者からすれば、いち早く自分に情報をもらえ、両手で仲介料をもらえるのも可能になるため「おいしい案件」と見てもらえます。さらに期間を区切るため、期間内になんとかしようと力を入れてくれます。

それでもまとまらない場合は、レインズ（不動産業者間の情報ネットワーク）に掲載してもらい様子をみます。いわゆる「情報を表に出す」という方法です。

ちなみに私はこれまでレインズへ出す前にすべて売却完了していたため、基本的にはレインズに売買情報を出していません。不動産業者との契約をあえて「専任」にせず「一般」にして、かつレインズに出さなくてもいい状況にしているのです。

すぐ専任媒介を結ぶ人もいますが、レインズ掲載義務があるため、あまりオススメできません。なぜなら収益専門業者であれば、投資家リスト（名簿）を持っている業者も多いからです。他にも『楽待』や『健美家』といった不動産投資専門の物件情報サイトには、オファーメールという形で、ある一定の条件にあった物件情報を会員に送る有料サービスがあります。

つまり、表に情報を出さずピンポイントにアプローチできるわけです。

これがレインズへすぐに出してしまうと、情報があちらこちらに出てしまい「売れ残り物件」の印象を与えてしまいます。投資家にとって「売れ残り物件」よりは「未公開物件」のほうが魅力があるのは当然でしょう。

したがって、最初から公に情報を出すのも良くないですし、1社に決めて専任にするのもオススメできません。絞った数社に期間を決めてお願いしましょう。

次に売却の際、業者に手間をかけないために、事前に売却物件の資料をそろえておきましょう。

・所有物件地図
・登記簿謄本
・評価証明書または課税証明書
・最新版のレントロール表と家賃送金明細表
・建物図面の写し（竣工図など、間取りがわかるもの）
・過去の修繕履歴の資料（大規模修繕をしている場合、建物の評価を金融機関に高く見てもらえるケースがあるので非常に大切です）

これらは購入時に用意してあるはずなので、そのファイルを出せば済みます。繰り返しになりますが、最初にきちんとファイリングするという手間をかけ、後にラクができるのが重要です。日ごろから物件の整理を心掛け、世の中の動向に注意することで、1物件に対し、数千万円～数億円の売却益を得られます。

第　7　章

本当の幸せを求めて

本当の幸せを求めて

私は建築で苦労して挫折。その後は鬱（うつ）状態の中をさまよいますが、46歳の時に『CHANCE』という本をきっかけに著者の犬飼ターボ氏と出会います。そして幸せの法則と成功の法則を学び、幸せな成功者の道を歩むことになりました。

現在は投資歴9年目で、不動産投資家として資産20億円をつくり上げ、年間家賃収入2億円を得て、家族や感謝し合える仲間と幸せなライフスタイルを築き、その仲間たちや家族とともに、さらなる幸せな成功者の仲間を増やすために活動しています。

ここでは幸せについて、私なりの意見をお話ししたいと思います。

仕事人間が変わるきっかけになった、ある出会い

かつて私は馬車馬のように働いていました。ポジティブに捉えれば仕事人間ですが、悪く言えば社畜のような働き方をしていたのです。

そんな私が仕事を辞める前に『ＣＨＡＮＣＥ』という本を読み、自分も成功したいと著者の犬飼ターボさんのことを調べました。

その人は幸せに成功するセミナーを開いており、そこに行ったのが私の転機になりました。まるでこれまでの価値観ががらりと変わったのです。

お金があるからといって、幸せではない人も多くいます。

しかし一般的には、お金持ちと幸せが直結していると思われています。

仕事人間だった私は、周りが「上司に何か言われるとストレス溜まるよね」と言っている中、「何がストレスだ。甘ったれるな。働けばいいんだ！」と愚直に頑張っていました。家族をないがしろにし、典型的な昭和の頑固親父だったのです。

それがセミナーに行き出して２～３年すると劇的に変わりました。

それまでの私はというと、そもそも家族とまともな会話すらしていなかったのです。亭主関白で、父親の言うことは絶対で、怒ったらみんな下を見て黙っている……、そんなイメージです。

セミナーに行くようになって気づいたのですが、メンタルにおいて最終的に行き着くのは自己肯定感です。当時は365日働いていましたが、「まだまだダメだ！」と自分を認められませんでした。

そして、同じことを家族にも求めました。「俺はこれでうまくいったのだから、お前もこうしろ！」という教育をしました。今振り返ると、かなり厄介な存在だったと反省します。

年収1000万円以上あり、結婚して子どももいる。世間一般にいえば成功者なのかもしれません。しかし実際には、馬車馬のように働きながら大きなプレッシャーを抱え、家族を支え生きていくのに本当に精一杯でした。

セミナーで学んだ自己肯定感

セミナーに行って最初に学んだのは、「感情を持っていいんだ」ということです。それまでは、たとえば社内で自分の誕生日を祝われても「何がおめでとうだ。45歳のおっさんの誕生日を祝ってどうする？　誕生会なんて暇人（ひまじん）のすることだ」と決めつけていました。

このころは喜びや悲しみといった感情に蓋をすることで、このような捉え方をしていたのです。

子どもの誕生日ですら「プレゼントは欲しいものがあるなら言え」という感じでした。おそらくバースデーケーキは妻が買って来ていたと思いますが、私は何ら関与していません。妻が気にかけ私にケーキを置いていてくれても「甘いものはいらない」と素っ気ない態度をとっていました。私は感情をすべて殺して頑張り続けないと成功できないと思い込んでいたからです。

しかし、セミナーで感情を感じることができるようになったのです。

そして、「あなたはそのままで素晴らしい！」ということを教わりました。徐々に自分で自分を許せるようになったのですが、以前勤めていた会社ではセミナーに行く前の自分のあり方を維持しないと生きられない世界が辛すぎて、もう耐えられなくなりました。

この時に意識の改革があったからこそ、初めて自分がいる場所が辛いところなんだと気づき、脱出したいと不動産投資に行ったのです。

今では、家族や友人が誕生日を祝ってくれるのをとてもうれしく思い、また周囲の人を祝うことにも喜びを感じられるようになりました。

幸せと成功の違い

世の中では、幸せと成功は同じもののように認識されている場合が多いと感じます。

たとえばたくさんのお金を手にし、いい車に乗り、いい服を着ることで幸せになれると信じている人が多いのではないでしょうか。

しかし私はこのように考えています。


「成功は自分の外側を満たすもの、幸せは自分の内側を満たすもの」


いくら大金持ちになったからといって、幸せだとは限りません。

お金をたくさん持っていても、一人ぼっちでは幸せとは言えませんよね。

たくさん感謝し合える人たちとつながっていて、いつも心が満たされている状況ならば、幸せと成功が両立していると思えませんか？


特にサラリーマンの場合は、高い車に高い服、高いご飯や若くてキレイな女性という、わかりやすい成金像を求めている人もたくさんいます。

しかし、いくら物質的に外側を満たしても、内側を満たせなければ本当の幸せにはなりません。心理学で古くから使われる**マズローの欲求5段階説**を聞いたことがありますか？これは「生理的欲求」「安全欲求」「社会的欲求」「承認欲求」「自己実現欲求」の5つの階層に分かれています。

これらが満たされていくことで、金銭では差し替えられない精神的な幸せが手に入ります。とはいえ、お金があるほうが満たしやすいのは事実です。

たとえば、セキュリティの高い豪邸に住んでいたら安心感が高まります。車でも、ボロボロでブレーキすら満足に効かない車と新車のロールスロイスとでは、安心感がまったく違いますよね。

しかし、人はマズローの欲求5段階説に関係なく、ある目標を見つけたら、満たさないまま感情を殺して行動できます。これができるのは人間だけで、犬だと嫌がったら止まって動かなくなります。人は嫌いでも学校に通って勉強してテストを頑張ります。根本的な欲求とは別に、目標達成して発展してきたのが人類です。

ただし、その能力を使いすぎると、心がどこかに行ってしまうのです。自分の本当の気

●マズローの欲求5段階説

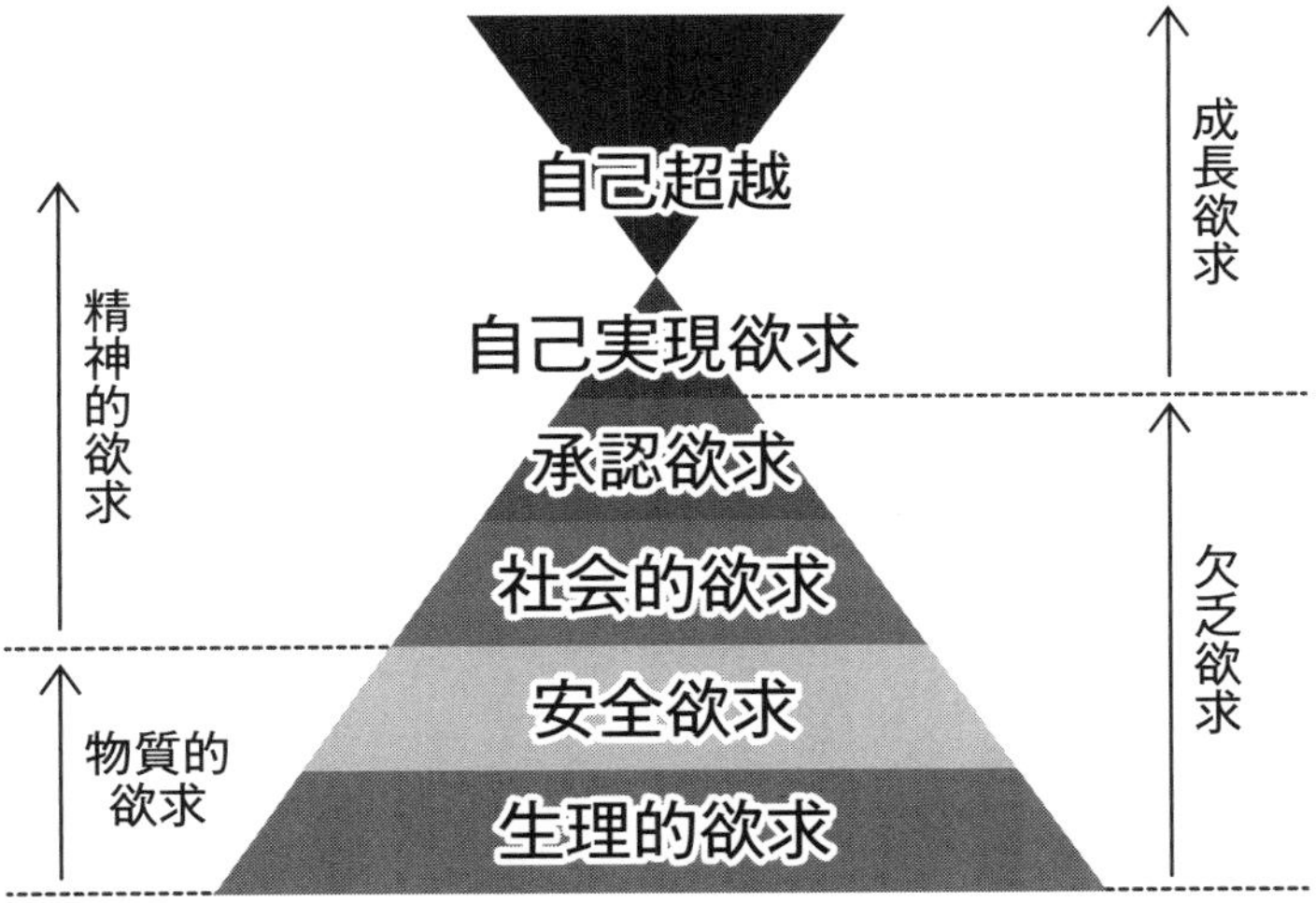

持ちを無視して、機械的に目標達成に向かいすぎると、次第に感情がわからなくなっていきます。最初は、悲しい・辛いといったマイナス感情がわからなくなり、次第にうれしい・楽しいといったプラスの感情も一緒に消えてしまうのです。

前章でお伝えした、過去の私はこの状態になっていました。

戦後から高度成長期を経て現在に至るまで、あまりに成長を求めすぎて、心の大切さを無視し続けた結果、人々が何を求め出したかというと、メンタルの部分です。鬱（うつ）や引きこもりが社会問題になり、セクハラやパワハラも以前とは比べものにならないほど注目されています。

つまり、メンタルに対してフォーカスされる世の中になっており、それは文明がワンランク上がっている状態を意味します。うれしい・悲しい・楽しい・肯定し合える・感謝し合えるなど、心を満たすことにフォーカスされているわけです。

とはいえ、たとえば宗教家が「お金はすべてお布施します」と言って、貧乏だけれど幸せというのは違うと感じています。また、何億円もお金を持っているけれど、一人ぼっちというのもまた違います。成功（外側を満たす）と幸せ（内側を満たす）、この両方のバランスがとれた状態が重要だと感じます。

心と体は別

これは、ある方に教わったことです。

心と体は別という考え方です。

車に乗って旅行に行くときに、体の役割が車で運転手の役割が心です。

旅行に行くのと同じように、自分の人生を歩むときに、どこに行きどうしたいかは、自分の心と頭で考え、行動は体で行います。

私は「心と体は別だ」という認識で、どちらも大切にすることを心掛けています。体が痛んでいても先には進めず、心が病んでいても動けなくなります。どちらも大切にしていきましょう。

これは自分本人の感情だけではなく、他人との関係性でも当てはまります。

たとえば管理募集をするとき、「とにかく埋めろ！」と表面的なことを命じても、けっして相手は本気で動きません。

きちんと動いてもらうためには、「いつもありがとうございます。○○さんのおかげでうまくいきました」と先に感謝を伝えるのが大切です。

するると、そこに感謝の循環が生まれ、相手の気持ちも「この人のために頑張ってあげよう！」と変わり、良い関係性ができ募集の流れもどんどん良くなります。心に訴えかけることで、その人が自ら動き出すのです。

逆に嫌味を言っていると、痛みの循環になってしまいます。

感謝の循環と痛みの循環の違いは、人の捉え方で変わります。たくさんの感謝の循環をつくっていくことが幸せになる大事な要素です。

物質的な成功を得ながら、心の幸せも満たすことができるのが不動産投資

不動産投資は、他の投資でよくある労働集約型ではないため、働き続けて体や心を壊すことなくできるビジネスです。

そのため、成功しながら幸せをつかみやすいと私は考えます。

成功願望はもちろん、幸せになりたい想いも私はとても大切にしています。

しかし、そこに至るまでの過程はそれなりに大変であり、やはり勉強や行動は必要ですし、お金も借りていかなければなりません。

とはいえ、ほぼすべて外注できるため、自ら労働しなくても時間をつくることは可能です。

私の場合、今の物件の規模（20億円）でスタッフは約10人います。私と同じくらいの規模なら普通は夫婦、もしくは２～３人で対応できます。一人で対応している人もいます。

私のように健全に運営することもできますし、20億円というハードルもまったく高くあ

りません。実際、本書で書いてきたノウハウを実践して、私は今まで融資が止まったことはなく拡大し続けられています。

ただ、前に書いたとおり、資産規模と幸せはイコールとは限りません。

都会で暮らしていると時流に流されやすくなりますし、途中で挫折すれば誰も助けてくれない場合もあるでしょう。

周囲に自分が必要とされ、感謝の循環の輪を感じられることが幸せの定義かもしれません。そこに金銭的な余裕が両立すれば最強の状況です。

ゴールを達成したときに見える風景

不動産投資では、ゴールに達成したときに見える風景を想像できていることが大切です。たとえばあなたが旅に出るとしたら、いくらゆっくりしたいからといって行き先も決めないと、どこにもたどり着けないですよね。

どんな交通手段で、何をするためにどこへ行くのかを決めることで、目的地にたどり着けます。これは脳科学でも立証されており潜在意識に働きかけられるため、目的を達成するのにとても効率の良い方法になります。

1年先、3年先、10年先にあなたはどのような不動産投資方法で、どのように成功していたいですか？　それを整理してみることで、そこに向かって進めるのです。

車を買うときも一緒です。「こんな車に乗ってみたいな」と願ったら、町中で走っているその車が目に入るようになりますよね。

それは潜在意識という膨大な隠れたコンピュータが引き寄せてくれる現象です。不動産も同様で、成功したい期間から逆算して、欲しい物件を意識することにより情報を引き寄

せます。さあ、あなたのゴールをしっかり想像してみましょう。

私の場合ですが、最初は『資産10億円、家賃収入1億円を5年で築く！』というゴールを設定しました。無我夢中で疾走し、気づけば資産13億円に達していました。

しかし、達成に気づいたそのとき壁にぶつかったのです。

「お金は持っている。家族も帰ってきた。人間関係だって恵まれている」という状況なのですが、そのあと自分が何をすべきかがわからなくなってしまったのです。

そこで、次の目標を整理することにしました。「資産30億円、家賃収入3億円、借入れゼロの状態まで息子と一緒に事業を行い、その後は息子が会社を継いでくれている」というものです。これをイメージすると、また進み始め事業拡大できています。

このようにイメージをすることは非常に大事です。魔法がかかりますので、ゴール設定は一番初めに必ず行いましょう。

あなたは今後どうなりたくて、何がしたくて、何が必要で、そのために不動産投資を活用して、何年で資産や家賃収入をいくら作りたいですか？　それが叶うと考えたらすごくワクワクすると思いますよ！

巻　末　付　録

ひろっちゃん流
新築ＲＣ投資術

現在、東京都内で流行している狭小の新築ＲＣ物件は、売却益が得られるという売り込みが魅力的ではありますが、難易度が非常に高いです。

言ってみれば「狭小物件を無理をして建てて、途中で売却するキャピタル狙い」というプロの業者しかできないような高難易度な投資手法です。

ここでは、安定的に利益を得ることができ、キャピタルゲインも望める「持って良し・売って良し」のひろっちゃん流新築ＲＣ投資術をお伝えします。

新築RCマンション投資は危険!?

「新築なら大丈夫」と安易に考えて、関東圏で10室未満、利回り7％程度の新築ＲＣを2億円、3億円で買う人が多くいます。しかし、こうした投資は1室空いただけでも赤字になります。そのうえ、工事の途中でトラブルが発生するリスクも当然あります。

たとえば地中障害やその他、追加工事費を何度も請求されるケースもあります。その結果、最初は6％だった利回りが、極端な場合は5％を切るところまで下がってしまいます。それでも業者は「4％で売れますよ」と言うわけですが、かなり困難でしょう。

また、東京だと地盤的にもリスクがあります。加えて、ロットが小さくなると建築費が高くなります。道路付けが悪かったり前面道路が狭かったりすれば、大型トラックが入らず建築費が高くなるケースもあります。

さらに、工期の長いＲＣマンションでもっともリスクとなるのは建築会社の倒産です。帝国データバンクの数字を見たり、官公庁のランクを見たり、また現場に足を運び、会社の規模や外注でどんな人を使っているかをチェックすることが必要です。

とはいえ実際に倒産の予兆を見抜けるのは、業界経験がある人でない限り至難の業（わざ）です。もちろん、経営基盤が磐石な大手企業なら倒産する確率は低いですが、価格が高くなります。

現在は属性がかなり高く融資を受けられる人が、高額コンサルを受けて購入するのが流行っていますが、本来であれば建築のプロでもない普通の人が、すぐに実現できるスキームではないのです。

さらに言うと、この投資手法ができたのは、2018~2019年くらいまでの話で、2021年現在では飽和状態に近いと思われます。

また前述しましたが、建築費はある程度の規模がないと割高になります。できれば20戸程度あるのが理想的です。しかし地価が高く売却の少ない東京都内でこの規模の投資をするのは難しいですし、ワンルーム条例もあります。

なお「ワンルーム条例」という呼び方は通称で、「単身者向けの面積の住戸に対して設けた規制」となり、区によって戸数や平米数の上限が条例で決められています。

そのため、いわゆる東京の一等地で行っているケースは非常に少ないです。まだ関西の一等地で行うほうが現実的に思えます。

新築RC投資法のメリット

現在不動産の市況は高騰した状況で、地方であっても築17年のＲＣの利回りが7～８％です。中古でそのくらいの利回りの物件を買うなら、新築を同じくらいの利回りで建てたほうがお得でしょう。

しかし当然、安く土地を見つけ安く建てることが重要となります。土地の購入からプランニングまでのパッケージ商品では、利益は出にくいです。採算が合うのであれば、やはり新築はＲＣが資産として長く持てると思います。

ここで新築ＲＣマンションのメリットを考えてみましょう。まず15年程度、手堅くキャッシュフローは手に入るだけでなく、売却のタイミングもゆっくり検討できます。

中古物件と違って大規模修繕がほぼ不要なので、経費がほとんどかかりません。

たとえば、外壁のメンテナンスは早くて15年、外装タイルなら20年ほったらかしでも構いません。屋上防水もスレートなら20年。シートでも15～18年、アスファルト防水でも12～15年はＯＫです。また条件が合えば、建てた当初５年ほどは免税を受けることができます。

家賃相場や人気の間取りをリサーチして計画すれば、新築なので客付けもしやすく収益は安定しますし、キャッシュフローは想定できます。15年で残債を半減し、そこから期間30年のローンで利回り7～9％で売却すれば、当初の新築プレミアの部分が薄れても、RCなら家賃が下落しにくいことを考えれば損はしにくいです。

2億円で利回り9％の物件であれば、15年で残債は約1億円になります。最初の家賃は1800万円に設定します。家賃が年1％下落（実際にはこんなに下がりません）で15年経つと、15％下がります。つまり、1800万円の家賃が1530万円になるわけです。

すると、収益還元で利回り9%だと1・7億円の価値に対して残債は約1億円です。1・7億円で売ったら15年経っても7000万円残ります。RCは耐用年数が47年なので、耐用年数の長さを生かして、相場を見計らいながら売却時期を選べることが投資方法の最大のメリットです。

木造だと耐用年数22年なので、RCは木造の倍以上の価値があると言っても過言ではありません。とはいえ最近の市況で言うと、木造でも良い場所であれば値段が下がらないので、木造がまったくダメというわけではありません。ただ融資を考えるとRCが断然強いです。

新築RC投資法のデメリット

デメリットは、まず収益が発生するまでに時間がかかることです。4～5階のRCを建てようとすると、建築確認申請の許可までに半年、建築に8～10カ月、そこから全空スタートで埋めるのに3～6カ月かかります。

つまり、土地を仕込んでから収益が発生するまでに、早くて2年、遅いと3年くらいかかる可能性があります。さらに、決算書に反映されるのはその1年後になるので、3年～4年はかかると考えたほうが良いでしょう。

また、土地に関してのプランニングや収支計算を立てないと融資の稟議が下りないので、先行して土地を手に入れるために現金で決済しなくてはなりません。

元金の返済は事業開始後半年はストップしてもらえますが、金利分は返済していく必要があります。2億円の融資で金利1％であれば、利払いだけで200万円×3年で600万円必要です。

投資の難易度も高いため、初心者には不向きと言えるでしょう。

建てるのであればやはり都心やその周辺が安全です。家賃は6万円以上12万円台が目安です。

新築の建築費は高いまま維持しています。建設件数はコロナ禍で減ると推測されましたが、実際には減りませんでした。

また土地値も、コロナ禍で都心離れによって東京が安くなると予想されましたが、むしろ上がっています。

可能であれば、6万円台の家賃地域で安い土地を探すのが良いでしょう。

新築投資で重要な判断材料

新築を建てる際に必要な判断材料は、以下のとおりです。

①土地の坪単価
②一種単価
③建築坪単価
④賃料坪単価
※一種坪単価とは、容積率100%に対する坪単価のこと

①～④は投資効率の判断材料になり、そこからその土地の新築した際の想定利回りを試算することができます。

たとえば100坪で1億円、容積率400%の土地があったとします。この場合、土地の坪単価は1億円÷100坪=100万円です。なお、容積率400%は、400坪分の延床面積まで建築可能という意味です。この場合、一種単価は100万円÷4=25万円になります。

都心では、容積率がおおむね300〜1300％と差が出るため、業社間取引きでは、一般的にこの一種単価で取引されます。

次に、容積率いっぱいで建築した際のコストを計算していきます。実際の建築総面積は共用部分が入るため、400坪×1・3くらいになります。

ただ、この話は一般の人からするとなかなか難しいと思います。そこで計算方法を改良します。

たとえば、建築単価が坪当たり70万円とすると、400坪×1・3×70万円＝3億6400万円がおおよそのコストになります。

土地代は1億円なので、土地と建物のトータルコストは4億6400万円になります。

坪と表記するのは日本独自です。奈良時代に「田は長さ三十歩、幅十二歩の広さを一段とする」という記述があり、面積としては一歩四方が「一歩」とされました。それが「一歩＝ヒトツホ＝ヒトツボ＝一坪」と変化していったと推測されています。

そして田んぼ1反は「30歩×12歩」で、建物は畳2畳で1坪と考えられていました。

収益を予想する方法

そのエリアの同スペックの新築における賃料坪単価の相場が、9000円だったと仮定します。

この場合、貸せる面積は400坪なので年間想定収入は、400坪×0・9万円×12カ月=3840万円になります。

この条件で新築を建てた場合の年間想定利回りは、3840万円÷4億6400万円×100=9・31%です。

これが、土地から新築投資をする際の基本的な考え方です。

プロは建設工事費用と土地取得費用を足した、総事業費に対する年間の家賃収入の利回りを出し事業として成り立つかを判断します。

ここまで解説した内容を一般の投資家が実践するのは非常に難しく現実的ではないので、簡単な方法をつくりました。

戸当たり単価の基本的な考え

まず、その土地におおよそ何室のワンルームが入るかを計算します。

次にリサーチをして1戸当たりの家賃を調査します。

家賃から利回りを逆算して1戸当たりの建築費と土地代を出すことで、その土地をいくらで購入すればいいのかを計算します。利回り9％の新築を作るには、1戸当たりどれだけのコストで仕上げればいいかというのが、戸当たり単価の考え方です。

①ある程度高い家賃をとれないと達成できないので、大阪市内のワンルームマンション25㎡と仮定します（東京なら20㎡にしてください）。
②大阪市内ワンルームの家賃を6・5万円と仮定し逆算で、土地＋建物＋諸経費のコストを出します。
③ちなみに、大阪市内のワンルーム家賃6・5万円というのは、賃料坪単価8600円とほぼ同じ単価になります。
④家賃から利回り9％の戸当たりの総額を求めます。

⑤戸当たりの総額から戸当たりの建築費を差し引いて、土地の戸当たり単価を計算します。
⑥土地の戸当たり単価から土地価格を出し指値の通りそうな土地を見つけるための考え方です。

これで利回り9%のマンションになります。

この一連の計算は難しいですし手間がかかるため、私の会では私が作った自動計算シートを使って新築の物上げ（ぶつあげ）をしています。

利回り9・5%で仕上がった実例

私が実際に取り扱った物件例を紹介します。スペックは以下のとおりです。

- 物件価格――約3000万円
- 土地面積――約200㎡（約60坪）
- 積算価格――約2600万円
- 家賃からの逆算で指値価格2300万円

通った指値で戸当たり家賃を逆算しました。具体的には、家賃と間取りをリサーチしてプランを作成し、再リサーチして平均家賃の設定を作りました。レントロール表作成です。月額家賃合計が約130万円、年間で約1560万円になりました。

・土地総購入費　２４００万円
・建築費用　１億３５００万円（税込み）
・その他諸費用　６００万円

実際は1億６５００万円で仕上がり、利回りは約9・5％まで上がり、新築で現在満室稼働中です。

新築はスピードを問われますが、土地を買ったあとで何戸入るのかわからなかったら大問題です。だから多くの人はボリューム出しで設計士に依頼するわけです。そして、思うように戸数が入らないため収支が合わず、土地探しの段階で挫折してしまうケースが多いように感じます。

私の場合は中古のときと同様に自動計算をして、土地の面積と容積率、その他諸々の条件から、おおよその建築戸数がわかるため、最初から設計士にお願いする必要はありません。人によっては道路斜線や隣地斜線、採光斜線などを気にしている人もいますが、実際はそんなに簡単なものではありませんので、そこは設計士に依頼しましょう。

新築RCマンション投資の注意点

新築投資法は、安く土地を買って安く建てることができれば、非常に手堅く儲けられます。今は土地の相場も高くなっていますが、ウッドショックなども影響を与えています。

先述したように、新築ＲＣマンション投資では不動産業者が土地の仕込み、設計、プランニング、建築請負までのパッケージ商品を買う人がたくさんいます。

北海道は壁式４層のＲＣがたくさん建っていますが、皆さんこのようなパッケージ商品を買っているケースが多いようです。

新築に限らず、どんな投資法においても間に業者が入ることで「土地の選定」「設計プランニング」「建築請負」をしてくれるものというのは、手間がかからない分、業者の利益がのっているため利益は少なくなります。

この投資法で事業をするなら、土地を安く仕入れて、建築費も相場より安く建てることに集中します。また、時代や地域のニーズに合った間取りはもちろん、設備や内装も工夫しましょう。そのあたりも含めた企画力をつけることがとても大切だと考えます。

おわりに

本書を最後までお読みいただきまして、誠にありがとうございます。

文章を書くのは素人なので、読みにくい部分もあったかもしれません。とにかく初めてなりに、一生懸命書かせていただきました。イラストや表をたくさん使ってわかりやすくなるよう工夫しましたが、いかがだったでしょうか。

もし、本書を読んで不明な点があれば、ぜひお気軽にお声がけください。

詳しくは、巻末の告知ページに記載がありますが、ＬＩＮＥの友だち登録をいただけたら、私が普段から使っている中古・再生物件の自動計算シートをプレゼントいたします。

ＬＩＮＥで友だちになれたら、ちょっとした質問をいただいてもいいですし、私が定期的に行っている勉強会のご案内も差し上げます。

さて、私が不動産投資をスタートさせたのは8年前。本文にあるように年収１２００万円、自己資金が２０００万円ということで、一般的なサラリーマン投資家よりも高めかもしれません。

また、始めた時期は今よりも物件価格が低く、高利回り物件が購入できる時代でした。

融資については2018年から急に引き締まっているものの、それまではかなりよく出ており、この、いわゆる〝融資の緩い時期〟に比べたら、私の始めた2013年は徐々に融資が出やすくなってきたころ。いずれにしても今よりも良い状況だったと思います。

でも、当時の私は会社を辞めたくて仕方なく、そのせいで家族離散になるくらい追い込まれていました。

そのため年収1200万円という属性も、そこまで生かしきれませんでしたし、給与収入が途切れてしまうのに、貯金を投資資金として使うことにも恐怖感を抱いていました。

とにかく早く不動産投資で一本立ちしなくては……と、非常に思い詰めていました。

結果的には予定どおりに大家さんとして独立ができ、家族全員の暮らしが戻ってきましたが、そこまでは本当に必死でした。そして、その後は本書でもお伝えしている「しっかりとした不動産投資の軸」を持って行うことで、これまでコンスタントに物件を買い続けられています。


私はどんな状況であっても、やり方次第で不動産投資は行えると信じていますし、その方法を本書でお伝えしています。

「年収1000万円・資産1000万円程度のサラリーマンの方」「経営者の方」「すでに不動産投資を始めており、専業を目指している方」「基礎がわかっていても応用がわからない方」「買い進めたいが思うように買えない方」、そんな方々にとって本書が少しでも役に立てば、著者として望外の喜びです。

最後に本書の執筆にあたり、多くの方々に協力をいただきました。ここで謝辞を述べさせていただきたいと思います。

末筆になりましたが今回の出版にあたり、プラチナ出版の今井修さん、編集協力の布施ゆきさん、デザイナーの井関ななえさん、イラストレーターの坂木浩子さんには本当にお世話になりました。

皆様のご協力がなければ、この本を出版できませんでした。出版のきっかけとなったVINTAGE CLUBを主宰されています小嶌大介さんと5th name代表の上田晋平さんとの出会いにも感謝します。

また私にメンタルの在り方を教えてくださった犬飼ターボさん、経営を教えてくださっている中井塾の中井隆栄さん、不動産の基礎を教えてくださった岡田のぶゆきさん、いつも不動産について教えてくださるPlatinum Investor Club代表の中せ健さん。

今の私があるのは皆様との出会いのおかげです。本当にありがとうございます。

そしてここには書ききれませんが、普段から私とかかわりを持ってくださっている皆様、私の主催するトラの穴サロンで共に学んでいる仲間にも感謝しております。サロンのみんないつもありがとう。

半生を共にし、育ててくれた両親、兄弟のみんなにも感謝しております。

最後に私を心から応援してくれている家族のみんな、いつもありがとう。

ひろっちゃんこと、田口宏

2021年8月吉日

本　書　購　入　者　限　定

中古・再生物件
“自動計算”シートをプレゼント！

本書をご愛読いただけた方限定で、実際に「不動産投資を始めてみたい！」「改めてしっかりと学びたい！」と思った方や、「いまいち自分の査定目線に自信がもてない…」と思っている方のために、LINEで私が普段から使っている中古物件・再生物件の自動査定シートをプレゼントいたします。

路線価や価格、土地面積など、いくつかの情報を入れていただくだけで、積算評価や収益還元評価といった銀行が使用している評価額を弾き出してくれる優れものです。

他にも書籍には書けなかった、不動産最新情報や、新築自動査定計算シートも随時お届けいたします。ぜひ本書と合わせて活用してくださいね。

自動計算シート例（まだまだ下に続いてます）

物件名	あああ				
価格	50000000				
交通	物件種別				
所在地	住居表示	大阪1-1-1			
土地	地目	宅地	権利		
	土地面積	250.00 ㎡	現況（土地）		
建物	構造	RC 階	現況（建物）		
	延床面積	500 ㎡	築年数	1995 年	築 26 年
	検査済証	2		平成7年	残 21 年
	駐車場		総戸数		
年収	現状月収	500,000 円	現状年収	6,000,000 円	
	満室月収	700,000 円	満室年収家賃	8,400,000 円	
リサーチ後年収	満室月収	0 円	満室年収	0 円	
路線価		¥ 100,000 ／㎡			

【計算書】

	土地評価額		建物評価額		合計	物件価格費
積算評価額	2,500,000 円	+	37,978,723 円	=	40,478,723 円	80.96%

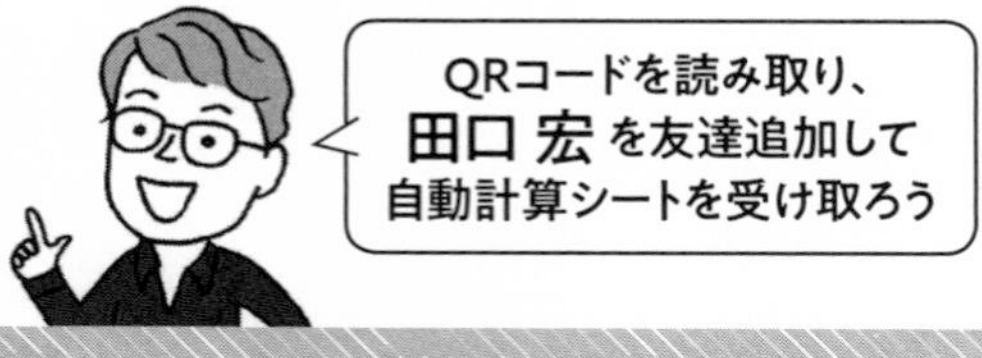